I0704866

#PsicoFilosofíaPoética

METANOIA

SI ~~TÚ~~ NO VUELVES

ISAI SHANTI

ISBN

9798369620410

Distribuido por Amazon USA

Independent Publishing

Primera Edición

Estados Unidos 2022

Í N D I C E

DEDICATORIA

&

AGRADECIMIENTOS

Con Amor a mis Ancestros, por sus vidas para llegar aquí y al Padre que fue el Puente.

A mis dos Padres (Sergio y Arturo): a Sergio, por enseñarme el poder de la oración y acercarme a Dios. Arturo, por su amor y crianza, gracias infinitas papás.

A María, mi bella Madre por siempre abrazar mis sueños, a mi hermano Joshua por su abrazo, y Diana que ha sido como una hermana.

A los seres queridos que trascendieron este año y que llevo en mi corazón:

Óscar Ferreti y Madre Suré, que me acogió como un hijo en Santiago de Chile, mi segunda casa. Vuela Alto.

A los consejos cálidos y sabios de Mon Buenabad "la ermitaña", gracias por llegar a mi vida.

Dedicatoria con una Mención Especial:

Al Doctor Celis, analista, profesor de posgrado y supervisor de casos clínicos.

El gran hombre que me acompañó a decodificar mi camino para entender el sentido oculto de mi obra y el para qué estaba escribiendo.

Gracias por tanto, porque me has mostrado cosas de mi que no sabía que sabía.
Gracias por acompañarme este año , ha sido una bendición contar con usted.

Con profundo amor a mis pacientes por creer en mi, y como dijo el Analista Donald
Winnicot en su obra Realidad y Juego:

"... a mis pacientes por pagarme por aprender de ellos..."

Con sentir especial a quienes llegue este libro, para quienes estén con depresión,
ansiedad, al borde del suicidio, con una enfermedad, el corazón partido, con
preguntas sobre la vida y a quienes perdieron seres queridos en esta Pandemia.

Con amor a los que hacen del error semillas para cosechar aciertos en jardines de
la consciencia.

A los que ya no están y a los que vendrán ...

Isaí Shanti

"NOUS SOMMES TOUS UN RAYON DE SOLEIL POUR
QUELQUE´UN...MAIS ON NE LE SAIT PAS TOUJOURS."

"Todos somos un rayo de Sol para alguien...

Pero no siempre lo sabemos"

IGNITION

METANOIA

(PREFACIO)

Me desperté de aquella sesión existencial sin tener idea que era el principio del fin, la ilusión de vivir en un mar de laureles con olor a paz, se convirtierón en una tormenta y la sensación de haber navegado por los mares más catárticos que ponían a prueba los peores miedos.

Fueron Veintiún Aspectos sobre la Vida y las Cartas al Amor, los lugares donde hoy me siento a digerir y a reescribir donde todo parecía estar dicho.

Desperté en la nueva Tierra, confinado a otra Realidad, confinado de un mundo antiguo que se hundió entre las Polaridades y los Discursos que manifiestan nuestras caras más violentas ante la frustración de las mareas de la pérdida.

Pasan los días, y hoy sé, que nada volverá a ser igual...

Después del primer viaje en ese diván existencial, después de amar y preguntarme aún ,si el amar me hace sabio, ya no me siento igual, pues de aquella Tierra , tenemos a alguien en lo simbólico, en lo real y lo imaginario que en el viaje se quedó ...

Ya no sirven las motivaciones del ayer cuando la marea ya no se comporta igual. Es urgente despertar y hacer una pausa para aprender a pensar y aprender a andar, pues solo unos pocos aprenderán a navegar, y al final, el mundo no dejará de girar.

Entre los Claroscuros reconozco que soy y pertenezco, por un lado a la oscuridad y al poder mortífero de la densidad de un Mundo donde lo más esencial se ha olvidado de nombrar, que lo primordial, se juega ante las dominaciones de los poderes que creen poseer la verdad.

He pensado en aquel lugar, en lo que ya no es...

En este tiempo, me detuve ante el vacío de no tener algo nuevo que decir ,y aunque casi todo esté dicho, he pensando decir algo de lo ya dicho, en una nueva forma para aquellas consciencias que quieren acercarse a una verdad, sin importar a quién le vaya a incomodar.

La magia, hoy es un poder paradójico que consiste en aprender a nombrar aquello que en algún momento en la marea se perdió.

¿ Quién dijo que la Vida sería siempre igual ?

Después de 2020 nada volvió a ser igual. En algún punto de cada realidad, el naufragio de esta Tierra trajo cambios irreversibles con un duelo espiritual que está trascendiendo hasta el sitio más impensado de los paradigmas de la Humanidad.

Estamos ubicados en el Punto de No Retorno y consiste, en ese algo vivido que nos significó profundamente, que queda como una marca en la memoria del cuerpo y de la psique.

Nos enfrentamos a la tormenta y la calma, a la pérdida y la nostalgia, al poder del encuentro y el poder del vacío.

Somos ese diálogo con el dolor, con esas fuerzas de avance y retroceso.

El fin de un momento llega, la transición para uno nuevo comienza, y la vida jamás fue la misma después de esta pandemia.

El mundo y una sociedad que estaba tan dormida, verá el perecer o la transformación de aquellas estructuras que ya no se sostienen.

Este libro, está Dedicado a quienes se fueron, a los seres queridos que buscan descanso eterno, a quienes no encuentran consuelo ante las fuerzas contrarias de un duelo, a los que perdieron la fe de ver un mundo nuevo, a quienes buscan el perdón o sanar un error, y a quienes están ante todos los males del mundo, buscando sanar su corazón.

Así como en el Cielo, así como en la Tierra, nosotros creamos el Infierno. Será momento de devolvernos y construirnos un mejor Cielo a tráves de mirar otros nuevos Imposibles.Pues en el incio de los Tiempos era el Significante, y en los Últimos tiempos, el Goce[1].

Isaí Shanti

---

[1] Prefacio escrito durante los meses de Marzo y Abril en un viaje a Puebla después de haber presentado mi primera obra en la Universidad La Salle, año 2020, el Inicio de la Pandemia.

Decidí no quitar la esencia de este Prefacio y solo agregar cosas mínimas, al ser una visión que parecía un vaticinio.

INTRODUCCIÓN

En mi primer libro;" 21 Aspectos sobre la Vida que Filosofé a Dios en un Diván", partí con un capítulo titulado La Pregunta, y, en esta ocasión, decidí reconectar desde ese lugar para resignificar los discursos y posiciones de pensamiento que se han ido movilizando respecto a la importancia de la pregunta dentro del contenido de toda la Obra.

Consideré oportuno escribir este libro en alusión a los procesos de Derrumbe del Ser Humano. Procesos influenciados a tráves de mi Praxis Profesional en Terapia y la influencia Estructural de un Sistema con múltiples realidades y desigualdades que condicionan gran parte del Malestar y el Sufrimiento Humano.

Este libro, es un acercamiento al proceso de sufrir y renacer. De una forma amorosa y confrontante, escribo pasajes profundos para poner en cuestionamiento creencias,mediante un lectura accesible a nuestros procesos graduales de conocimiento.

¿CÓMO LEER METANOIA?

En cada capítulo de esta obra, habitará el potente lugar que nos ocupa el poder de la pregunta y conceptos cruciales que voy ejemplificando con historias o ejemplos para ir introduciendo, cuestionando y confrontando al lector.

Siendo en ocasiones reiterativo, conceptos como la Consciencia, el Sistema (Político, Familiar, Laboral, Yoico etc) la Libertad, la Incertidumbre, el" Yo" (Ego, Síntoma, Entidad Yoica o Sistema), y el concepto de lo Inconsciente. Estos conceptos son el eje para hilvanar la esencia del mensaje a transmitir. Sumado a este tránsito, hice el uso de la poesía y el cifrado musical de canciones que me han marcado, y que me permiten dar una escucha que invite a imaginar y analizar al lector sus heridas y sus anhelos para que habilite sus propias preguntas y contradicciones.

En estos instantes de la vida, cuánta falta hace darle importancia a cuestionarnos cuando hablamos del "Yo", de la Libertad, y de la Consciencia, premisas que nos puedan alojar en el pensamiento, el análisis y el sentir la vida más allá de lo que vemos.

Al final, la Vida, la Muerte, y el Amor, son una pregunta sin contestar que siempre se contesta sin dejar una respuesta universal.

¿ Cómo vivimos con lo que supuestamete sabemos de la vida, del amor, o la muerte ?

"... Desordené Átomos
tuyos para hacerte
aparacer ..."

"Puente "

Gustavo Cerati

0. El Poder de la Pregunta

*"Hay un enorme sistema que todo lo piensa por nosotros,
ahorrándonos la terrible tarea de pensar."*

Martin Heidegger (1889-1976).

¿ Quién Piensa por Nosotros ?

En un Sistema que todo lo ha pensando por nosostros, hay una entidad o un "Yo" con el que siempre estamos identificados. Esa entidad, supone tener todas las respuestas de la Vida, el Amor, la Muerte, y la Existencia misma. Ese "Yo", es nuestra gran trampa, que nos aleja de mirar la verdad interior, y que no se cuestiona esencialmente, ¿ por qué piesnso lo que pienso ?, lo cual, podría tratarse que ante los asuntos de la vida, realmente es poco lo que sabemos sobre nosotros.

Pensando que conocemos todo sin saber porqué supuestamente lo conocemos, opera un Saber que la mayoría del Tiempo, piensa todo por la mayoría de Nosotros.

¿ Quién ha estado pensado por nosotros ?

EL PODER DE LA PREGUNTA

Repensar la Pregunta como Poder , no cobra fuerza por el hecho de Formularla, sino que cobra su sentido máximo, desde el lugar en que esta se plantea porque permite ver una verdad[2] interior. Hay preguntas que pueden ser preguntas estructuralmente sin ser preguntas en su esencia. Esto sucede, cuando su planteamiento nos deja democratizada ya una respuesta.

El Poder de una Pregunta conlleva hacer y habitar espacios de la Consciencia; como espectro amplio de percepción más allá de los sentidos, que se percibe en el cuerpo como sensación de un estado de paz y amplitud (Presencia). Este Proceso, puede mirarse y sentirse, cuando el emisor de la pregunta, dentro de su continuo discurso mental o actuar repetido, es capaz de pausar, de hacer un corte, y localizar respuestas en un espacio vacío dentro de una rueda que se repite. En el mismo proceso, el emisor, logra darle poder a la pregunta cuando permite despojarse de la necesidad de respuesta para caminar y abrazar la incertidumbre como la verdadera respuesta y la única certeza.

Este Proceso, puede darse al Meditar, en la Terapia, o en algún otro espacio de transición que alimente el alma; como el arte, el deporte, la escritura etc. La Presencia, es el Arte de Fisurar la sinergia del lenguaje y sentir quietud en los pensamientos compulsivos.

---

[2] Hablaré de verdad interior como nuestra verdad o el contenido inconsciente, ya que hablar de una Verdad Universal, considero está fuera de mi alcance.

- Presencia, como una mirada para hacer surgir algo de la "nada".

- Presencia, donde se pone la escucha para ser silencio en la tormenta.

- Presencia, para devenir al espacio donde se planta una semilla

- Presencia, donde las preguntas se hacen respuestas.

- Presencia, el susurro mismo del silencio y del vacío que nos contesta.

Habitar la Presencia como quietud en el cuerpo y la Consciencia más allá de lo sentidos, permite a la mente abrir un espacio a las preguntas que en apariencia no podrían plantearse. La Preguunta accede a un campo de producción potencial de realidad. Algo que no sucede cuando vivimos en la Resistencia Inmovilizante del" Yo", que supone tener las respuestas sin dar tregua a las voces que surgen del vacío y el espacio.

LA PREGUNTA EN LA TERAPIA

La experiencia clínica con pacientes, permite mirar en la pregunta, la coordenada primordial del encuadre en sesión y la guía por antonomasia de transición en el proceso mismo. La Pregunta, es un eje de dirección y redirección en el transcurso de la investigación de un historial clínico, así como un espejo que posibilita una construcción o devolución para adentrarse a rememorar una historia y una verdad interna. Pensar la ausencia de la pregunta durante un proceso de terapia, simplemente, la clínica terapéutica no podría ser y no tendría razón de ser.

Estos años, he podido apreciar en conceptos como La Vida, El Amor, y La Muerte, un eterno habitar en constante transformación, que está en presencia y ausencia. Estos conceptos, siempre son preguntas y respuestas, así como representaciones de lugares y espacios, que en paradoja, son nuestros y son tan ajenos. No en balde, la literatura, la Filosofía, la Psicología y otros Saberes en la Ciencia, no cesan de replantearse estos temas en función de su razón de ser para el funcionamiento de nuestra estructura social, considerando que, en nuestras relaciones intersubjetivas,los hablamos, los actuamos, y casi siempre, al estar la mayor parte del tiempo atrapados en la sinergia de la vida ni siquiera sabemos apreciarlos.

Los Seres Humanos somos la mayor parte del tiempo vividos y poco tiempo realmente conscientes que vivimos. Por ello, en el acompañamiento con pacientes, está la importancia del abordaje de lo Inconsciente como una Pregunta. Lo Inconsciente, es una lectura que interroga al lugar donde todo parece que está dicho. Lo Inconsciente, se posiciona en escuchar lo que no se alcanza a decir con palabras, y que, permite penetrar en algo más allá de lo lógico. Lo inconsciente como pregunta, abre lo imposible: cuando aquello que parece obvio, realmente no es tan obvio como parece.

¿DESDE QUÉ LUGAR PLANTEAMOS NUESTRAS PREGUNTAS?

Las preguntas que nos hacemos, en su mayoría, estan hechas una Identidad Yoica (Ego), sin saber, si esta contiene algo inconsciente o "punto ciego". La implicación del hacerse la pregunta desde la consciencia, lleva un proceso de analizar que su composición esta influenciada de un contexto.

La pregunta, se compone de incertidumbres ,certezas y una atemporalidad tan profunda, que su respuesta no se logra poner en palabras inmediatas. La interrogante, posee un miedo o un anhelo... Nos descoloca del consumo del mundo de las certezas para construir realidades en una vida con multiplicidad de dudas.

CONSUMO DE CERTEZAS

La maquinaria más poderosa del Sistema es vender Certezas, sentido de permanencia e identificación donde se invaden a los Seres Humanos de "Verdades casi Universales" que lo van despojando de su consciencia, y de plantearse el cómo se vincula con su vida. Considero que, la naturaleza más poderosa de una pregunta, consiste, en partir de lugares que pongan reverso a supuestas "Verdades Estructurales"o Hegemónicas. El Sistema vende Certezas en una vida que, su naturaleza misma siempre nos pone a navegar en la incertimbre. La gran consecuencia, es que consumimos Ilusiones, que, al ser privados por situaciones contingentes de lo Real y la Des/igualdad, caemos presa de Des/esperaciones, De/presiones y Des/ilusiones como síntoma de nuestra enfermedad actual. Consumir compulsivamente certezas hace que la pregunta pierda su fuerza, su potencia misteriosa, y la posibilidad que hay en algunas crisis para aprender a hacernos cargo de nosotros mismos y acompañar al otro. Hemos dado por hecho la Vida, y la vida se pasa, ¿ te preguntaste si la viviste un instante ?

¿ QUIÉN PREGUNTA CUANDO SE HACE UNA PREGUNTA ?

¿ El Consciente, el inconsciente, el miedo, el amor, la duda, la certeza, el ego, la consciencia ?

¿ Quién plantea las Preguntas ?

La identificación del contenido Yoico, por lo general, suele plantearse y contestarse la pregunta desde el lugar de un profesionista, un directivo, la baja estima, y en general, desde la etiqueta, sea cual sea. Se puede ir poniendo nombre o pronombre para legitimar la posición de la mente lógica. Sin embargo, ¿ qué hay más allá de nuestro "Yo"? , ¿ qué hay más allá de lo que "vemos,tocamos y oimos" ,más allá de lo que nos estamos identificando?, ¿ estamos seguros quién es el que hace una pregunta cuando la hace, o qué tipo de preguntas hacemos bajo determinadas vivencias ?

EL POR QUÉ Y EL PARA QUÉ

Comparto como experiencia personal cuando mi Terapeuta me cuestionó el por qué, y el para qué de cuando hacemos o decimos las cosas. Mencionó que muchas veces, cuando contestamos desde el "por qué o los porqués" del que hacemos las cosas, estamos ubicados siempre desde el otro. En esa lógica, me hizo bastante sentido, porque ubica la motivación a lo externo; y esto, suele darse cuando culpamos, justificamos, o dejamos una carga al otro, sin ubicar lo propio. Caso diferente al para qué, que en términos generales, va a lo interior y lo propio sin cargar al otro.

EL PODER DEL PARA QUÉ

El para qué, es la pregunta que más controversia genera a nivel interno, porque tiene que ver más con nosotros que con los otros. La dificultad del reconocimiento y el hacernos cargo de nosotros mismos, tanto psíquica y emocionalmente, no solo es aprender a pagar cuentas o ser funcionales, aunque, por supuesto importa desde la materialidad de un Sistema que nos califica desde la tenencia y la exigencia del princpio de Rendimiento.

El hacernos cargo, que no es similar a lo funcional; es llevar nuestra carga emocional, ancestral y de vida, para asimilar los procesos sin el impulso reactivo de transferir al otro el contenido de nuestra historia. Por suspuesto, que nuestra vida se mueve, e impacta en nuestro sentir a raíz del otro, y a veces, en estos momentos, es donde encontramos el punto de respuesta. El hacernos cargo, que aunque nadie nos lo muestra mas que la experiencia vincular y los procesos transicionales; es lograr vivir la naturaleza de irnos sosteniendo cada día, por el resto de nuestra vida, en la experiencia de salir del Nido Psíquico o el nido primordial de la memoria herida del alma. Su consecuencia, es que, nos sostiene mas cerca de la Consciencia que del dolor[3], y es lo que nos unifica para aprender a tomar la Vida con todo y su Caos.

---

[3] Esto no quiere decir que tendremos una vida indolora, hablo de convivir con nuestros dolores desde otras formas cuando habitamos la consciencia.

Hacernos cargo; es la experiencia de aprender a convivir con nosotros mismos, aprendernos en algún punto a ser padres de nosotros, gestionar con las faltas de nuestra demanda infantil y ser parejas de nuestra composición dual interna para construir mejores vínculos. Sostenernos, es estar mas presentes en el conocimiento de nuestra verdad. Esencialmente, aprender a hacernos cargo gradualmente de las experiencias, es aprender a compartirnos con los otros, por uno, y por el otro.

CONCLUSIÓN

El Poder de una Pregunta, es poder Ser y Hacer la vida, es la posibilidad de crear y transformar. Sin embargo, ese poder, requiere una Consciencia para entender desde qué estados internos las producimos y qué discursos decimos.

Seguro Dios, en tanto creador (Ex Nihilo Nihil Fit) se preguntó, cómo sería la forma de los mares sin saber cómo serían los mares, o, cómo eran las aves sin saber cómo las haría carne.

¿ Cómo estamos perteneciendo a este mundo que no hemos aprendido a transformar ?

"Nada surge de la Nada – Ex Nihilo Nihil Fit" (Parménides, 2022)

La Vida Es la Pregunta

Y también Respuesta,

Es una apuesta y una puesta en escena,

La Vida pasa, y la mayor parte del tiempo, el problema es que nos pasa,

Y mientras la vida pasa

La ves, pero no la miras, la oyes, pero no la escuchas

Y la Vida, es una pregunta

Es un acierto y es un error

La Distancia y el Perdón

El Ascenso y el Volver al Amor

I.S.

"... Y cada noche
vendrá una
Estrella,
a hacerme
compañía ..."

" Si Tú No Vuelves "
Miguel Bosé

I.   Si ~~Tú~~ No Vuelves

"Dame la perseverancia de las olas del mar, que hace de cada retroceso, un punto de partida para un nuevo avance."

Gabriela Mistral (1889-1957).

¿ Qué Perdemos cuando Perdemos ?

Te pierdo a ti, y me pierdo a mi, pierdo un lugar y una gratificación, pierdo la ilusión de control, y pierdo lo que jamás tuve. Perdemos a la parte buena y la parte mala, perdemos algo de nosotros en el otro, y algo se pierde del otro en nosotros.

Estamos separados sin estarlo, estamos unidos pero también independientes del otro, perdemos la claridad, perdemos el sueño y perdemos el ideal.

Perdemos al Yo, perdemos la Ilusión del Yo...

Hay algo que en el transcurso de la vida misma ya no vuelve; y puede llamarse el tiempo, el amor o cualquier otra cuestión. De aquello que no vuelve, puede existir un sitio de nostalgia, de sufrimiento, de rabia, y también de encuentro.

Puede ser que hay personas, lugares o cosas que vuelven, pero siempre en forma de la Ilusión de lo que había sido, jamás en lo que son ahora, jamás en lo que el navegar de la experiencia nos transforma.

SI ~~TÚ~~ NO VUELVES

~~Tú~~; significa Ella y significa Él.

~~Tú~~, es el Padre ausente y presente; la Madre voraz y la madre suficientemente buena, el Amante errante e idealizado.

~~Tú~~ ,es el difunto con el que reprimes sentirte enojado por honrar solo la parte buena de su memoria sin contactar con su polaridad, o la pérdida que has reprimido llorar.

~~Tú~~, va más allá de la carne; también es Dios cuando le odiamos, le rogamos o le hemos amado. ~~Tú~~ , está presente cuando somos un Cristo cargando nuestra propia Cruz, o, el Cristo postrado en la Cruz preguntando a su Padre el por qué lo ha abandonado.

~~Tú~~, está en la Madre, en el anhelo de volver a la fuente. ~~Tú~~, está en el Amor que anhelamos volver a ver y el Amor que se fue...

Esencialmente, ~~Tú~~ ,es el Gran Otro y el otro.

Ahí en el ~~Tú~~, estoy Yo, y también estás Tú.

Ahí donde empieza el ~~Tú~~, me pregunto,¿ dónde estoy yo sin ti ~~(tú)~~?

El ~~Tú~~, jamás será el lugar literal del tú, por ello es ~~Tú~~ y no precisamente tú...

Ahí donde termina el ~~Tú~~, me encuentro de a poco, y me renuevo de a poco.

¿ QUÉ PERDEMOS ?

¿ Nos hemos preguntado qué es aquello que perdemos cuando perdemos ?

Generalmente, asumimos y suponemos que perdemos lo que en términos de una realidad objetiva se mira en lo que falta dentro del espacio literal de la percepción , y por tanto, puede nombrarse como puede ser una persona, una mascota, un objeto preciado etc.

En limitadas ocasiones, nos detenemos a localizar lo perdido desde una realidad representativa que se acuña al reverso de la lógica o reverso de la realidad objetiva, lo cual, al irla caminando, nos da una posibilidad de construcción de una metáfora significativa desde aquella experiencia que nos unió con lo perdido. Paradojicamente, la pérdida es un encuentro.

LA REALIDAD OBJETIVA

El "Yo", busca de forma incesante e inocente despojarse del dolor, de huir y de pretender curarse de la amenaza de lo perdido ante formas diversas de sobrevivir a la muerte, al desamor o al Sufrimiento. Su mundo, opera sobre los ojos de la lógica, donde no hay cabida a la metáfora o la paradoja, y la mente rumiante es la única verdad que escucha.

Cuando un paciente no logra profundizar con lo que perdió o cuando nombra lo perdido en su sentido más lógico, naturalmente se suele contestar desde la Realidad Objetiva; que fue su relación , su trabajo, su familiar, su mascota y en aparente sentido, ese es el motivo de la consulta.

El dolor que duele en lo profundo, no está precisamente en términos de lo que aparentemente vemos, escuchamos y suponemos. El dolor, está encarnado en otra realidad que no alcanza a mirar la lógica o la realidad objetiva.

LA REALIDAD REPRESENTATIVA

Cuando pensamos en la representación del objeto perdido, tenemos posibilidad de ir mas a fondo para acercarnos a comprender en mejor sentido el "sinsentido" caótico que nos produce la pérdida. Para contestar qué es aquello que pierdo cuando pierdo, sucede que se torna complicado ir del otro (afuera) a lo propio, porque hemos estado acostumbrados a solo apreciar lo perdido al exterior. No siempre profundizamos lo que el afuera nos devuelve, y que poco a poco susurra en el adentro como potencial reencuentro.

Al internarse en la Realidad Representativa; se capacita la entrada a un campo de agudeza y acompañamiento para construir una metáfora desde el sitio donde está lo perdido, que escucha señales en donde habla el vacío, y pone palabra al espacio que fue ocupado aparentemente por el ausente (la pareja, un familiar, un trabajo, una mascota etc).

La Pérdida, no solo es la Pérdida en términos de lo que ya no está. La Pérdida, es una representación de algo propio depositado en el otro, y un ecuentro paradójico con lo que suponemos perdido, que en primera instancia, se nos presenta como lo desconocido; como un naúfrago que está solo sin saber a qué lugar sostenerse.

Transitar la pérdida, mirando el lugar del ausente, nunca deja de producir una revelación, porque no solo conlleva perder lo que creemos que perdemos, sino que arroja una mirada a una representación dotada de profundo significado en nuestra historia, donde el otro y el vacío son un reflejo y un mensaje de aquello que nosotros somos en una parte del exterior.

Si ~~Tú~~ no vuelves, es preguntarse realmente ¿ quién, o qué es lo que ya no vuelve? Si ~~Tú~~ no vuelves, es la parte de nostros que se fue en el otro, y la parte del otro que llevamos con nosotros. Hay una parte de lo que éramos nosotros con el otro la que no vuelve, la parte que nos duele, la parte que nos conmueve. Un objeto, una persona, un recuerdo, o un vínculo, no solo es "eso" en sí mismo, sino un contenido histórico de la constitución de nosotros mismos ,y algo de lo que hemos depositado de nosotros en el otro. La Realidad Representaiva, es el contenido Latente o lo Inconsciente, y puede ayudarnos a acompañar lo que no vuelve, Somos un poco de nosotros en el otro y viceversa.

El ~~Tú~~, no solo es un ~~Tú~~, sino de alguna forma es Yo, es Ella, es Él, y un NosOtros.

SI TÚ NO VUELVES (Miguel Bosé, 1993)

> "...Si ~~Tú~~ no vuelves, no habrá vida, no sé lo que
> haré..." (Miguel Bosé, 1993)

¿Cómo lidiamos con lo que perdemos cuando no sabemos lo que perdemos ?

Al no "haber vida y no saber qué hacer" se está en un sitio desconocido que es necesario caminar, sabiendo que estamos vulnerables ante la pérdida que nos confronta con una muerte y con el amor, con la locura y la ilusión de tener todo bajo control. Ante la pérdida, morimos y nos colocamos en la imponente y frustrante marea de la incertidumbre; desnudos y desarmados, navegando las mareas del constante cambio.

No existe indicador de cómo atravesar la angustia ,pero existe un poder en el amor y la potencia vital de lo que nos rodea para hacer del camino escabroso de la angustia un lugar mejor. Algo sin nombre que nos habita en el vacío del otro ausente, se nos encarna como un filo en el pecho y nos pone en ansiedad el cuerpo, la mente y la piel. Ese "algo" es la pérdida hablando en el cuerpo, es el "Yo" resistiendo y muriendo de a poco; naturalmente es nuestro gran miedo y la sensación de destrucción y gran derrumbe interior.

El dolor de lo que no vuelve, es una de las experiencias que nos recuerda la multiplicidad que habita en la construcción y percepción que tenemos de la vida, y que habilita sin cesar la pregunta:

¿ Qué es aquello que pierdes cuando pierdes ?

Pierdes la esperanza, "la estrella que viene a hacerte compañía", la mirada que reconoce idealmente lo que quisieramos que el Otro (padre, madre, pareja,cultura, trabajo etc) mirara en nosotros para dotarnos de sentido ante las fauces del rechazo y el abandono.

> "...Y cada noche vendrá una estrella a hacerme compañía,
>
> que te cuente cómo estoy,
>
> que sepas lo que hay...
>
> [...] Algún latido le queda a esta Tierra,
>
> que era tan serena cuando me querías,
>
> había un perfume fresco que yo respiraba,
>
> era tan bonita, era así de grande y no tenía fin ..."
>
> (Miguel Bosé, 1993)

Quién no quisiera que hubieran cosas que duraran toda una eternidad. A veces, un abrazo, un beso, un recuerdo, que pueden ser el mas bello segundo en la eternidad.

SI TÚ NO VUELVES

"... y cada noche vendrá una estrella a hacereles compañía ..."

Jamás Volví

Aquella tarde que te fuiste, no sabía que jamás iba a volver...

Cuando volviste, me doy cuenta que jamás volví ...

Y aunque grité, me reproché, y me culpé,

Juré que todo esto que había en mí lo iba a destruir

Me destruí y te destruí, pero jamás volví...

Lo intenté, pero yo ya no estaba ahí ...

Hoy, estoy aquí, no sé dónde, pero estoy aquí, viendo que
jamás volví ...

I.S.

"... Dime, por qué ,
quieres escapar,
por qué la velocidad ,
si nadie te está
persiguiendo
¿Por qué quieres
llegar, antes que
los demás ,si todos
estamos cayendo ..."

" 80 Días "

Siddharta & Carlos Sadness

II.   La Ilusión del Yo

¿ Realmente el Yo es nuestra Identidad, o el gran Síntoma de nuestra Historia ?

Si pensamos en sobre quiénes somos, qué tanto solemos identificarnos a un contenido atribuido por la gente y la cultura. Qué tanto, de ese contenido lo cuestionamos, y qué tanto lo actuamos como si fuera nuestra verdad o nuestra identidad. En una Cultura de "opciones múltiples de mejoría insaciable", hemos caído en un delirio social donde creemos que lo podemos todo sin necesitar de alguien, y que nuestra misión de vida, es competir para ser mejores que "alguien". La individualidad, se volvió una especie de patología omnipotente donde no hay cabida a la pausa, para sentir y compartir.

¿Acaso nos hemos cuestionado si contamos con tiempo para vivir ?

Hoy, se pondera el Sobre-Producir en detrimento del pensar y sentir. Detrás, un motivador Discurso de la "Resiliencia" que alude a "seres divinos y especiales para sanar inmediatamente el sufrimiento". Este Discurso, promovido desde los indicadores mas feroces de los Valores Estéticos y Materiales para sostener la Maquinaria Sistemática de la Ilusión de Éxito.

> *"...¿ Por qué quieres llegar, antes que los demás, si*
> *todos estamos cayendo ,[...] si nadie ni nada ni*
> *nadie te está persiguiendo ? ..."* (Siddharta, 2022)

Aprender a vivir en un Sistema que solicita constante rendimiento y poco descanso durante la mayor parte de nuestra Vida, nos lleva irremediablemente al punto de quiebre, y en la mayoría de los casos, la crisis y el derrumbe son espacios que se vuelven necesarios para interiorizar, y en muchos otros, urgentes para poder sobrevivir.

La Crisis, permite darnos cuenta que necesitamos redes nutritivas de sostén para un acompañamiento comprensivo, y prescindir un poco más de los excesos del individualismo Yoico y su evasión. El Alma se cura al hablar de un NosOtros, desde el reconocimiento y el acompañamiento. Somos Genuinamente Especiales cuando reconocemos nuestra oscuridad en nosotros y el otro, no cuando creamos una supuesta identidad "Perfectible, fuerte y autónoma" para pretender ser "inquebrantables" o mejores que el otro.

Para caminar las escabrosas caídas del" Yo", es de suma trascendencia no solo allegarse de lugares, personas o vínculos por el hecho simple de hacerlo. Hay redes que sostienen y otras que aprisionan, las segundas; lejos de acompañar, su dinámica, promueve la evitación del dolor y mayor aislamiento, minan el crecimiento, ya que solo refuerzan, o evaden la problemática para no poner en juego la supervivencia de la Identidad Ilusoria (nuestro "Yo").

¿CÓMO NOS EVADIMOS Y DE QUÉ HUIMOS ?

Cuando el dolor surge, el" Yo", al ser una Resistencia Sintomática de evitación y negación, busca remedios y no una cura. Su lenguaje,se rige en ser asistido solo por la razón en detrimento de la capacidad superior del reconocimiento propio del vacío o una toma de consciencia. Podemos evadirnos en el dolor de muchas formas y desde muchísimas aristas sin darnos cuenta. Puede pasar la vida, las personas y las circunstancias sin que brote por el camino el milagro de habitar la Presencia. La gente suele evadirse en formas que no se imagina, porque piensa que es flujo, resiliencia, éxito y libertad. De esta forma, las personas viven en automatismo y ausencia, evitan preguntarse "¿ el para qué hago lo que hago ?",y esto, podemos verlo en múltiples aspectos que iré ejemplificando a continuación.

DEPORTE Y JUEGO

Consumo Visual del Deporte: Por identificación y sentido ilusorio de pertenencia de una represión emocional. El fanático, encarna su frustración en falsos nacionalismos ,violencia intrafamiliar, y delega su destino a los combinados deportivos afines como depositarios de sus ilusiones. El fanático se disocia del sentido personal de su propia vida. Sus sueños, hazañas y su vida están sujetos a un resultado que le dote de sentido y propósito ante su imposibilidad de detectar su propio malestar histórico.

Abuso de Apuestas y Videojuego (ludopatías): Los jugadores, al interpretar personajes virtuales, ya sea por apuesta o videojuego, crean una historia alterna de vida, donde la mente y la emoción, están conectadas a un Control , Mando de juego, o a un momio como forma simbólica de adquirir Poder de Decisión de aquello que no se logra tomar con firmeza en la vida real. El miedo, la rabia, y la inseguridad, se juegan en el azar. Las batallas virtulaes y las apuestas, se juegan como una posibilidad "sencilla" de resolver virtualmente problemas, que en el campo cotidiano de lo real cuesta confrontar o negociar por medio de la palabra. Se juegan todo para ganar lo que jamás llena.

Ejercicio (vigorexia): La Fijación de parámetros del "amor propio "y Culto a la Imagen, evade problemáticas como depresión, rechazos o traiciones. El cuerpo se explota a tráves del ejercicio para cumplir estándares de la "belleza, la sanidad y el amor". En las inseguridades, y baja autoestima; la fuerza está representada en el "músculo y la estética corporal"como símbolo de Superioridad, Belleza y Seguridad. El cuerpo atlético, deja de ser un aspecto sano cuando se transforma en el disfraz ,o la máscara que oculta a un cuerpo débil e inseguro y sufriente. Este cuerpo sufriente, es un cuerpo sin músculos, sin órganos y sin forma. El cuerpo sufriente, es la memoria de un recuerdo doliente, un trauma reprimido o un duelo no elaborado.

RELACIONES SOCIALES Y PERSONALES.

En el área del desamor, el dolor se vuelve una sensación de supervivencia, y puede evadirse a tráves de enamorarse compulsivamente. Personas que salen de una relación e inmediatamente buscan otra para "enamorarse", deja ver infantes heridos e insaciables buscando que alguien se haga cargo de ellos desde el lugar de padres, y prescinden del acompañamiento del lugar de los amantes (pareja) esperando que se cumplan las carencias afectivas y económicas de su imposibilidad de comenzar a hacerse cargo de sí.

La huída o evasión, también se da a tráves del sexo compulsivo y prácticas sexuales que implican " dolor conectado al placer". Depositar en los actos sexuales, formas de ira, formas de dolor emocional y frustraciones, terminan desligando al placer, para convertirse en una fuente de descargo instintivo. Otra forma tambien, son los círculos de Amistades o Familiares que lejos de ser una red de sostén, son reforzadores de las causas sintómaticas de las evasiones, donde los roles y funciones quedan en desequilibrio minando el progeso de cada miembro de un Sistema.

LA MEDICINA , AUTOMEDICACIÓN Y AUTOLESIÓN.

La aplicación paliativa de antidepresivos y ansiolíticos, muchas ocasiones, sin control profesional, es una alternativa para dormirse de la vida y no saber nada del dolor que habla a tráves del cuerpo (palpitaciones, impulsos, sudoración, mareos, dolores generales de cuerpo, sensación de morir y fantasías persecutorias de destrucción etc). Esto, va problematizado con el suicidio en muchas ocasiones. La postura, no es estar totalmente en contra de casos urgentes del medicamento, pero es importante recomendar acompañar el tratamiento con terapia para prescindir lo antes posible de los fármacos. Es importante considerar, que si no hay espacio donde una energía hablante sea escuchada y elaborada, solo se aumentará la dependencia al fármaco. En las autolesiones, que están mas vistas en temas de adolescencia y no excentas al adulto, por lo general, son otra forma de parar el dolor psíquico y sustituirlo a tráves del dolor físico, en ello, hay abordajes en sesión sugerido como la clínica del vacío.

LA "ESPIRITUALIDAD".

En el uso de medicinas y terapias "milagro"se trabajan con imaginarios compulsivos que culminan en una constante frustración y choque con el principio de realidad; se acercan a reforzar más al Ego (el "Yo") al enfocarse a ser evasivas del dolor, y el caos. Se adhieren a la inmediatez de sanar para vender "resultados" y no elaborar procesos.

¿ En qué momento la Espiritualidad se convirtió en una exigencia de "paz interior"o"transformación divina" ?

Actualmente, muchas espiritualidades se transformaron en una nueva forma de Dogma Religioso y Moral, que, bajo preceptos del "amor y la libertad",terminan en muchas de sus aplicaciones, reprimiendo mas que acompañando. El problema de los imaginarios compulsivos, es cuando su práctica se idealiza sin tomar en cuenta alteridades[4], y se encaminan a una "vida indolora", o caen en la paradoja de ser sectarias y libertinas, que al final, producen y re producen identidades disociativas.[5]

Finalmente, está el consumo por las drogas y consumo de alcohol, donde el nudo cobra una dependencia de abordajes especiales en el acompañar terapéutico.

OTRAS EVASIVAS

Trastornos alimenticios, que pueden ir de la mano al "Culto al Cuerpo", dependencias (hipergamia, relaciones familiares , amistades o pareja), compras y deudas etc.

¿ CÓMO NOS VINCULAMOS ?

Rolando Toro Araneda, creador del Sistema Biodanza mencionó alguna vez que vivimos en una "Sociedad Profundamente Sola", y es cierto ¿ No les parece que estamos tan insertos en nuestra rueda mental tan ausentes del vínculo con el cuerpo natural, el cuerpo social, el cuerpo emocional que respira y siente mas allá de la Ilusión de un "Yo" ?

---

[4] [...]alteridad : experimentada como lo propio que le es familiar a uno; es la pregunta por condiciones de posibilidad y límites, por causas y significado de esta alteridad, por sus formas y sus transformaciones, lo que implica a su vez la pregunta por su futuro y su sentido; finalmente es también siempre la pregunta por la posibilidad de la inteligibilidad y de la comunicabilidad de la alteridad y por los criterios para la acción que deben ser derivados de ella [...] (Krotz, 2022)

[5] Aquí, no refiero a toda práctica, pero es importante hacer una crítica severa a la espiritualidad y sus discursos.

¿ Acaso nuestro cuerpo no es también una cualidad extensiva del todo cuando coexistimos con un árbol que nos otorga sombra ante los rayos del Sol, o la lluvia que hidrata un ecosistema para nuestras formas de vida ? Tendría sentido pensar que el cuerpo va más allá de la fisiología androcentrista, y, sería importante percibirlo como una comunión al todo existente, donde no somos dueños, sino que somos parte.

¿ Qué soy Yo, quién soy Yo, o, qué entendemos por el Yo ?

¿ Quién, o qué soy yo a tráves del otro ?

Parece que el Saber Yoico, es el imperativo de una verdad y libertad dada, que simplemente la actuamos pero no la cuestionamos.

Un día, en el tránsito cotidiano, alguien suele hacer la pregunta:

¿ Quién eres tú ?

- *¿ Y si la primera respuesta fuera darnos a la tarea de volver a pensar la pregunta?*

Realmente ¿ quién constesta a esa pregunta ? ,generalmente la responde el "Yo" de acuerdo a la circunstancia. Y bajo qué circusntancias lo haría, porque una identificación Yoica suele polarizar la realidad, ya sea , en una posición de tenencia o de carencia, desde una sobreestima o la baja estima. Entramos a un mundo extremista que se aprisiona en la percepción del qué tengo, qué no tengo, qué tiene el otro que yo no, y en esa rueda incesante de la Cultura, creamos identidades, y generamos posesiones que nos doten de lo que en algún momento Marx mencionó como *Plusvalía o valor* . La *Plusvalía*[6], etendida como excedente o ganancia, que al final, no sabemos ni dónde está o quién la posee.

¿ Y DÓNDE ESTÁ LA GANANCIA ?

Analizando que el "Yo", es competitivo ,dualista, niega al inconsciente y prescinde de la consciencia porque vive en la Ilusión y Placer inmediato, siempre buscará la ganancia desde la intolerancia a la frustración. Estas formas, pueden operar desde las evasiones ya nombradas y otras maneras de consumo o violencias. Ahora, pensando en que todos los días nos morimos de alguna forma, considero que nunca hay una ganancia, o, en todo caso hay una, y puede que no sea como nuestra Ilusión del Yo tanto anhela.

La Vida es una paradoja que implica soltar y sostener, dos fuerzas necesarias, tanto una de la otra para la transición de poder habitar estados de consciencia que nos permitan dar cuenta del porqué pasan las cosas, aún, sabiendo que no hay respuestas finales. Tal vez, la ganancia es construir/nos la Vida desde un "sinsentido" que le dote de un sentido, para permanecer en ella y soltarla, una y otra vez.

---

[6] **Nota:** La propuesta de Marx, en la obra de El Capital (Marx, 2022) atribuye que la ganancia queda para el Empresario en términos generales . Para efectos de esta obra, la explico en su relación Consciencia y el Síntoma Yoico (ego o yo)

SOMOS MÁSCARAS EN CONSTANTE MOVIMIENTO

¿ Con qué máscara nos identificamos en determinadas circunstancias ?

Jacobo Gringberg, en su obra de Fluir sin el Yo (Gringberg, 2008), *planteó la poderosa visión de prescindir del "Yo" hacia un estado mas puro. Fluir sin la entidad Yoica, es una posibilidad que se ve tan lejana como tan cercana. Aunque no hay un método para despojarse del Ego, de alguna forma, las máscaras, se precisan para cada acontecer y circunstancia del rol en la Cultura. Considero que la posibilidad más cercana de fluir sin el Yo, es cuando llegan aquellos instantes de surgir en estados de Presencia. En esos instantes, podemos plantearnos, con qué parte de nuestras faltas ,heridas y cicatrices emerge el sentido o razón de ser para crear y usar nuestras máscaras.*

Una máscara, es una ficción que se sostiene posiblemente de la herida (vivencia o experiencia traumática) y el miedo a perder, lo que nos regresa a la pregunta de, qué perdemos cuando perdemos. Si la entidad Yoica es una fuerza de identificación, esta, moldea máscaras porque siempre busca supervivencia, es resistente al cambio y se defiende de aquello que pudiera amenzar su existencia. La verdad interior o contenido inconsciente, así como el proceso de ir dando cuenta de aquello que dice ese contenido inconsciente, se percibe como un lugar de desaparición o destrucción para las Identificaciones. Al respecto, es interesante mirar el ejemplo del uso de la palabra "represión" , tanto en mecanismos de defensa psíquicos como en el lenguaje común.

En expresiones como: "Yo creo lo tenía reprimido", pienso la siguiente analogía Social:

Un Contingente se manifiesta en las calles contra una Política o Injusticia. Cuando el impacto Social coloca en riesgo los intereses de un Sistema, este, responde con el uso de la fuerza para Reprimir. Ese mismo acto de Reprimir, es el intento de poner un "Silencio a una Verdad y Evitar la Caída de un Saber o Estructura". Caso, que en los mecanismos de defensa psíquicos, la represión, opera en sencillas palabras como un "aparente olvido", porque niega o pone candado a una verdad interior que se busca evadir. La finalidad, es resistir a la caída de una Identificación Estructural que se ha sostenido durante el tiempo. En el film de El Viaje de Chihiro, se expone a la perfección en la siguiente frase y la relación entre lo inconsciente y represión:

> "... Nada de lo que pase es Olvidado, incluso si no
> lo recuerdas ..." (Miyazaki, 2003)

Partiendo de la analogía, el Sistema es una gran entidad Yoica, y así como el Ser Humano, en sus experiencias mas dolorosas, esta entidad, lucha por no sentir y no recordar su verdad interior si es necesario, aún, si esto atenta contra sí mismo. La Entidad Yoica, es un Sistema Estructural que ha invertido tiempo, y ha producido un Saber o Identificación "supuestamente propio" que defenderá para no "caer" aunque todos estamos cayendo.

El objetivo de la Ilusión del Yo y un Sistema, que al operar igual, es sostener siempre una dinámica, una historia, una lealtad, o seguir actuando un guion.

Un Sistema, en tanto, Entidad Yoica, para funcionar y sostener su dinámica, genera o capta cualquier Saber, no importa el "Pensamiento, lucha o ideología"que adopte para seguir vigente, porque todo aquello que atente contra este, será puesto al olvido mediante aparatos de represión diversos. El Sistema, es una entidad o una red de múltiples pensamientos y poderes que son un eslabón voraz, una máquina pensante que conoce nuestras demandas, miedos y necesidades, porque simple y sencillamente regula la vida.

Los Sistemas y la Entidad Yoica, crean tramas, producen historias y tienen guiones a partir de la distosión de nuestra historia que se estructura desde el miedo. Presentan un catálogo de "certezas" desde la realidad imaginaria, para vender, éxito, amor, libertad, o belleza. Nos mantenemos viviendo en un sueño, aparentemente despiertos por la percepción de nuestros sentidos, pero dormidos a los ojos de la Consciencia.

¿ CÓMO NACE EL YO ?

La Ilusión del Yo ,comienza por la preexistencia de las Estructuras como la Familia, la Educación, la Política o las Instituciones, que cuando llegamos al mundo, estas, nos empiezan a influir y creamos máscaras para encajar *o moldear una identidad, hasta el punto de olvidar el por qué pensamos lo que pensamos.*

Ahora te preguntaré:

¿ Somos realmente lo que creemos que decimos que somos ?

¿ Somos algo más o somos nada ?

¿ Qué o quiénes somos ?

¿ YO SUPERIOR ?

En esa problemática, se vende sobreinformación de certezas "divinas, espirituales, metafísicas y milagrosas" con la incorrecta aplicación de saberes y metodologías Psi, llevadas a formas que patologizan y abusan del desconocimiento de la gente y su necesidad. Se insertan "Certezas de un Yo Superior" a tráves de los erróneos abordajes del inconsciente, teorías del comportamiento, cosmovisiones de culturas iniciáticas, y hasta el uso de la creencia e intimidad de un ritual o la genealogía. En la "inmediatez", concepto congruente a un Sistema y a un "Yo" ansioso de nuestra cultura actual, hay muchísmos ejemplos que van de la mano con corrientes motivacionales y aspectos de nuestra vida privada que nos exigen todo al menor tiempo, incluso el sanar.

El discurso Yoico no se cuestiona mínimamente sus lugares, y en consecuencia, pone en duda realmente si uno es consciente de lo que hace, o el para qué hace algo. Estas soluciones "pragmáticas", se crean sin atender a condiciones de vida alternas y diversas en una Estructura Sistemática donde los accesos a herramientas e información hacen un abismo de diferencia para que el Universo "Conspire a Favor de alguien ".

Aunque esto moleste a muchos, que el "Universo conspire a tu favor", tiene que ver con los accesos, el desarrollo psíquico y las posibilidades de herramientas materiales donde la factibilidad de la premisa, tiene que ver más con un tema de lucha de clases que de magia, independiente del poder de nuestra Fe personal y nuestra creencia que legítimamente nos sostiene en nuestros instantes más duros.

La Finalidad, no es hacerte cambiar la fe o la creencia, sino repensar la intimidad de la creencia , desde dónde creamos y desde dónde producimos nuestra Fe. Es importante considerar que, al interiorizar conocimientos de uno mismo a partir de lo otro, podamos analizar , qué tanto, esas premisas pueden servir como un acompañamiento y no como una imposición. Considerar esto, puede llevar a transformar los lugares de concepción del Universo, Dios o la Magia en formas no solo empáticas, sino más equilibradas y congruentes, en medida de las posibilidades.

¿ Acaso Cristo no trabajó para la Alteridad de los que menos tenían ?

La lucha de clases, es un síntoma que da vida y razón a un Sistema que sobrevive por vender las píldoras de las Certezas con parámetros de diferenciación dualistas y discursos motivacionales de "Unicidad".

Consumimos Certezas sin saber que nos alejamos de las verdaderas preguntas.

Y en ese claroscuro,

Despertamos y nos Adormecemos,

Nos Desbordamos y nos Reciclamos,

Gritamos y nos Callamos,

Morimos y nos Transformamos ...

Me pregunto:

¿ Cómo es posible decretar al Deseo, si del Deseo es de lo que menos se Sabe ?

¿ REALMENTE SOMOS LIBRES ?

Me parece imposible pensarlo en un sí tajante y total, ya que si consideramos que tenemos un contenido inconsciente ,o condiciones materiales que no están bajo el control propio e influyen en el tipo de vida de la persona, entonces, la libertad sería una vivencia gradual la cual es posible habitar y no una cuestión ya dada.

PROBLEMATIZAR LA LIBERTAD

La Salud:

Una persona diagnosticada con un Trastorno, con una condición, o cualquier enfermedad, que vive con recursos sociales y económicos que facilitan sus condiciones materiales de acceso a la Salud y medicamentos (o tratamiento) tendrá mejor probabilidad de cura a su malestar y cierta mejoría de calidad de vida, a una persona que, por el contrario, sus condiciones socioeconómicas le dificultan el acceso a la salud. Hay una Influencia Estructural que condiciona el estilo y la calidad de vida, no solo de los que padecen una dolencia, sino también, afecta directa o indirectamente con su entorno. Pueden existir millones de personas con el mismo diagnóstico, y la relación con su malestar de ninguna forma será el mismo en el cómo se vive en muchas particularidades, más allá que tengan comunes generalidades.

En el retiro motivacional que te enseña la "ley de la atracción" por cinco mil dólares en una sede de hotel de lujo, sencillamente es funcional para aquellos que pueden solventarlo porque se está en la escala mas cercana de acceder al estatuto de éxito marcado por un Sistema que introyectó su "Yo". Su sesgo de funcionalidad radica mucho en sus condiciones materiales como el ejemplo expuesto en las crisis de acceso a los Sistemas de Salud.

Decir esto, molesta a muchos, porque se piensa que hay conflicto con la riqueza o la posesión. La crítica, radica hacia la idea y el discurso ,porque ante el lenguaje oculto, tan ausente de consideración a otras realidades, donde los accesos implican sobreesfuerzos y situaciones por las que algunos ignoran pasar, o tener que pasar, se venden certezas universales, abusando de la necesidad de los que piden la ayuda, haciendo un uso poco ético y con desconocimiento de saberes que nada tienen que ver con lo Divino o Espiritual.

Las Redes:

Solemos ser sujetos de la Red, esto, lo podemos observar en "Twitter". La gente cree que opina cuando es el algoritmo de la tendencia en cuestión que nos demarca qué opinar, nos volvemos irrisoriamente "librepensadores de ocasión", y creemos que lo somos cayendo en una dinámica donde queremos tener la razón en 40 caracteres. Nunca nos preguntamos si opinamos realmente o somos "opinados".

Instagram, como un espacio, para mostrar generalmente los parámetros de la belleza e "imagen",y ante los discursos, de no cosificación, sexualización o libertad para ganar aprobación, como el caso de "twitter"que se emite una "opinión", el personaje o identidad que creamos, muchas veces, se cosifica y se sexualiza a sí mismo creyendo que, individualmente es libre de hacerlo, cae sujeto de una exigencia, sujeto a experiencias del rechazo y una demanda voraz de ser visto.

Las redes nos han otorgado la experiencia de acercarnos a vivir en la modalidad del parámetro del éxito de " alguien mediático". Esto, lejos de moralizarlo,o ponerlo desde el bien o el mal, nos invita a un cuestionamiento profundo del para qué lo hacemos, y hacer, de ese para qué, una forma más consciente de hacer las cosas, ya que no es un pedimento dejar de hacer. La Rueda Sistemática y nuestra historia nos ubica en una cierta necesidad de mostrarnos, lo importante, es poder considerar los parámetros de lo que concebimos como Libertad y que ante las condiciones que por hoy tenemos, invitarnos a reflexionar el cómo nos movemos. Por eso, comparto, que la libertad se va obteniendo cuando vamos conociendo nuestra verdad.

¿ Qué pasaría si al encontrar en nuestro interior solo hay porquería, fantasías sádicas ,mierda, malestar, o rabia por dentro ? Es un planteamiento que recogí de una lectura que vi del Filósofo Salvoj Zizëk, y que al ponerlo en este espacio, me parece confrontativo para problematizar al "Yo" que define muchas veces la "espiritualidad",el coaching y el ejercicio de algunas metodologías Psi, donde proponen y expanden un discurso que que adopta intereses y formas de pensamiento de grupos de poder.

Sí, hablo de los Dueños del Mundo donde sus "dificultades materiales" están resueltas porque son herencias históricas, y el mensaje constante de que son los generadores de riqueza es bastante creíble cuando en realidad necesitan del trabajador para sostener la producción. Es gracias al explotado que el poderoso sigue siéndolo. Mediante la promesa de que" puedes ser como Yo", la certeza, vende lugares ,ideologías, productos y servicios con los cuales se aspira a identificarse.

Esa cultura de un" Yo" existoso que accede a lo inaccesible, es un motor que nos despoja de la potencia de pensar y habitar la presencia. Con ello, no significa que la riqueza sea mala, la problemática, es que el "Yo" se identifica con lo que supone poseer y lo que no. El problema de la riqueza radica en que se obtenga de explotar la vida.

¿Cuántas veces no miramos en ciertas aplicaciones "terapéuticas" dirigidas a las Empresas, un paliativo que se usa para generar lealtades y anestesia para mantener o aumentar los intereses que se amoldan al Sistema ?

Tiene sentido pensar el peligro para muchas Industrias la premisa de Gringberg de fluir sin el Yo. Me parece aquí, que la importancia del equilibrio, ese que no existe, sino que debe producirse a prueba y error, está en generar herramientas de democratización a nivel conocimiento, información y accesos públicos para equilibrar balanzas a sistemas que podríamos pensar utópicos o complicados.

Hoy, en esta lucha mundial, los libros de pensamiento económico están mejor en la biblioteca porque la exigencia de lo Real, dista mucho de una aplicación de manual para concebir lo que sería un Sistema ideal. Te podrás preguntar, ¿ y qué tiene que ver el "Yo" ? pues que el "Yo" es una identidad que consumimos, introyectamos y despúes proyectamos, es una idea que asumimos personalísima que cierra la realidad a otras realidades... La entidad Yoica es el Sistema.

LA CONSCIENCIA

La consciencia aunque no está en mis manos definir sino acercar al no ser poseedor de una Verdad, la comparto desde la experiencia de percibir un instante de unidad donde hay algo más allá que la densidad de la rueda mental y del cuerpo. La Consciencia es un Ser Presencia, tanto indefinible y expansible. Consciencia no es una cuestión moral del bien y del mal, ni de los sentidos, la consciencia se acerca a un lugar que nos sucede y nos unifica por fuera de las definiciones. La Consciencia, es un lugar que ante las inclemencias de nuestra vida,se percibe como un punto de retorno esencial que amenaza al "Yo" en su mundo de preguntas y respuestas., porque ese "Yo", se produce como un supuesto Saber omnipotente, permanente, y único.

Entonces, ¿ El Yo es nuestra verdadera esencia, o más bien es el gran Síntoma que ha generado el caos en nuestra Historia ?

¿ Quién soy Yo , o qué soy Yo ?

¿ Vivo la vida, o la vida de otras multiplicidades me vive ?

¿ Cuándo vivo la vida ?

En un Sistema que todo lo piensa por nosotros, vivir en la identificación de un "Yo" que se le ha equiparado a ser autosuficiente a tráves de parámetros de dinero, belleza y fama, nos está regresando a una forma muy delirante de posicionar nuestro narcisismo, al borde de un ensimismamiento total y negando la presencia del otro. El ensimismamiento permea a una satisfacción inmediata y relaciones mercantilistas en función de poder, en la anhelada lucha por abrazar la punta de una pirámide que nos mantiene más vivos en "nuestros sueños", que, pensando y cuestionando nuestros adentros.

¿ Quién soy Yo ?

Tu ilusión, tu trampa y la promesa de Satisfacción

Soy tu miedo al derrumbe por el rechazo y tu paliativo contra
la Insatisfacción

Soy Yo, tu máscara y tu represión

Soy el Yo, el que niega la repetición y actua con represión

Soy, tu mensaje de una verdad interior

Soy tu ego y la eterna suposición

Soy lo que supongo creer que soy

Soy, lo que no suelto por miedo a la liberación

I.S.

"... Tengo una culpa que
me aprieta, se posa en
mis hombros, y me
cuesta andar...
Pero, dibujé una
puerta violeta en la
pared, y al entrar me
liberé, como se
despliega la vela de un
barco..."

" La Puerta Violeta "

Rozalén

III. El Síntoma & La Crucifixión

¿ Por qué repetimos los mismos errores ?

Juan David Nasio menciona en su obra ¿ Por qué repetimos los mismos errores ? (Nasio, 2015) *que el Inconsciente es repetición. De forma muy personal, me gusta la idea de recoger que lo Inconsciente es Repetición porque muestra de forma didáctica el concepto para el lector, y permite ejemplificar los sucesos y memorias que solemos repetir como una Obra de Teatro, donde se cree que cambiando a sus actores y escenografías , o, incluso el teatro, tendrá un giro mejor la Obra. El problema, es que, por mas cambios, lo que se sigue haciendo igual es el guion, y en este caso, lo inconsciente ,es un guion que pone una puesta en escena.*

Por el concepto de la repetición, busco proponerle al lector una definición sencilla para comprender cómo podríamos mirarnos en nuestra vida y nuestras experiencias en la visión histórica de la puesta en escena de la Crucifixión ,siendo que, es algo que lo inconsciente ha introyectado como memoria histórica y cultural en muchos casos . Partir de que el "Yo" es el síntoma, es partir que, es resistencia y negación de lo inconsciente.

La entidad Yoica en sus ilusiones de libertad, se percibe aútonoma y libre de toda atadura. En ese imaginario, ya lo mencionó Lacan: el "Yo es la Sede de las Ilusiones" (Evans, Yo (Moi), 2008), recordemos que su naturaleza es resistir ante el cambio y el movimiento,lo que da la primera pista de la experiencia con el paciente.

REPETICIÓN

La repetición, puede leerse desde el campo del mito, el símbolo, el patrón y la metáfora. La repetición, se vive como un destino o maldición pero con la trampa de poseer elementos diferentes que al final hacen revivir la experiencia como una cicatriz que no cierra, como una herida que aún sangra, o una especie de maldición que no cesa.

LO INCONSCIENTE ES UN GUION

Lo Inconsciente, es una Puesta en Escena que habla, que actua, que se escribe, que se lee y se escucha. Lo inconsciente, es el guion de la Obra de Teatro de nuestra Vida, donde el Yo, cree suponer ser protagonista, y como todo protagonista, supone ser el Centro de la Obra, su trampa, es que no sabe nada del guion que actúa y cree estar escribiendo su propia obra.

En el afán de cambio, nunca consideramos qué es lo que se repite, suponemos creer hacerlo por el simple hecho de dejar de hacer algo. Esto, significa que la supuesta trampa de cambiar de posición o movernos de lugar ante la vida, es ir sustituyendo actores, actrices o escenografías de nuestra Obra. Tomemos como ejemplo a gente que cambia de parejas , personas que huyen de su país de origen para evitar un conflicto con su familia, cambiar de terapeuta porque no funcionó, o cambiar de imagen y guardaropa para ser una "persona nueva", y con esto, no digo que no sea legítimo o necesario en algunas ocasiones. Sin embargo, lo que se juega de fondo, es la lectura del Guion, y el espíritu del cuestionamiento que está en saber si realmente leemos el guion o somos conscientes de la historia que actuamos de ese guion.

"...Vemos pero no miramos, oímos pero no escuchamos, y así, actuamos pero no analizamos..."

¿QUIÉN ESCRIBE LA OBRA?

La Obra, estaba escrita antes de nuestra existencia, como lo inconsciente, que no significa nada hasta que es leído, no sabemos lo que repetimos hasta que paradojicamente algo nos da cuenta que estamos viviendo algo como si fuera un trágico destino.

¿ Quién escribió la Obra ? Podemos pensar que el probable responsable se ubica en un hipotético Todo, es decir, que puede ser cualquier cosa lo que escribe, puede ser o estar representado por una época, la cultura, la famiia, la educación y hasta el historial de enfermedades o padecimientos etc. El escritor pudo ser la tatarabuela, generaciones impensadas antes de nuestra llegada al mundo, por ello, lo que se repite, es transpersonal y transgeneracional. En realidad, no es necesario ir y buscar hasta el fin ese origen del quién escribió el guion, además, que es casi imposible saberlo. La mejor coordenda está en nuestros vínculos más próximos y la información *que se pueda tener del pasado como las formas de localización y lectura del síntoma. Nuestros vínculos nos otorgan mensajes para construir y elaborar las preguntas que nos llevan a mirar la repetición. Es tan importante leer el guion para saber, qué personaje de la obra interpretamos, porque lo sencillo será cambiar los elementos objetales como los actores, los escenarios, y los directores, pero si no se reescribe el guion a partir de lo ya escrito, la trama seguirá repitiendose mientras nos preguntamos el por qué repetimos los mismos errores.*

Los Cuentos, las Vivencias, las Fábulas o los Mitos, remiten a representaciones de personajes imaginarios, simbólicos o reales que están encarnados por su propio guion. Las tramas, son ejemplos que ayudan a entender el comportamiento y la construcción de interpretaciones en una sesión. Escuchar a un paciente, es leer el capítulo de su historia, es mirar su serie y su final de temporada. Sus discursos, con ayuda de fábulas, mitos y las identificaciones, permiten leer y abordar su síntoma en consulta para ayudar a comprender el por qué se piensa lo que se piensa, y el por qué repite.

¿ CÓMO VIVIMOS LA CRUZ ?

Metafóricamente, considero que los seres humanos cargamos una Cruz Psíquica y transgeneracional que en pasajes y discursos de Cristo, permiten abordar la culpa, nuestras manías, inhibiciones, rechazos ,violencias y toda clase de heridas del alma.

En el Capítulo de la Ilusión del Yo, mencioné que probablemente no somos libres como una atribución o condición dada, sino que, la libertad la vamos obteniendo a medida que vamos conociendo nuestra verdad interna y aprendemos a gestionarla. Entonces, es probable que, hemos estado crucificados sin saberlo. En otros ejemplos; desde la Filosofía del Materialismo Histórico; nuestras condiciones histórico-materiales ya nos van condicionando ciertas formas de vida en las desigualdades de un Sistema, en el Psicoanálisis; hemos estado sujetos al saber inconsciente, desde el Tarot; colgados o sacrificados como el arcano XII de la baraja de Marsella , y desde las Teorías del Comportamiento o la Psicología Clínica; hemos estado condicionados. Tendría sentido pensar que hemos estado cargando una cruz como un cuerpo sufriente con independencia del campo de visión.

¿ CÓMO NOS CRUCIFICAMOS O QUIÉN NOS CRUCIFICA ?

Objetivamente, cuando sufrimos, lo primero que pedimos es ser despojados del malestar. Nadie en su "sano juicio" quiere sufrir, pero entonces ¿ por qué nos crucificamos ? ¿ qué hay detrás de estar crucificados ? Sería de suma profundidad pensar que, al imaginar la cruz, hay particularidades especiales en el Acto de la Crucifixión que tienen relación al malestar cultural y de un paciente en sesión que expongo a continuación:

Inmovilidad: La crucifixión permite mirar la inmovilidad, la atadura, y el desamparo. La Imovilidad tiene incomodidad ,una sensación de sacrificio y sensación de limitación en las emociones que influyen al cuerpo que impiden la toma de decisiones.

La Cruz: ¿ Qué significa la Cruz ? En aspecto general, es el contenido de la M E N T E , la carga de una historia, un paradigma cultural y la carga de la culpa comprometida a una lealtad inconsciente. La relación entre Cruz y Cuerpo, produce otro cuerpo, un cuerpo sin órganos, sin forma, y que expresa de formas diversificadas la enfermedad. Este cuerpo, es el Cuerpo del Sufrimiento, y que en sesiones, se le formulan preguntas como :

¿ Qué está pasando por tu mente ?

¿ Qué sientes ?

¿ Cómo te hace sentir esto ?

¿ Qué es lo que estás cargando?

Los Clavos: ¿ Qué significa o qué representa cada Clavo que tiene condicionado al sujeto ? En el síntoma, lo que clava el cuerpo a la Cruz, no es el Clavo en sí mismo, sino la representación del Clavo ¿ Quién clavó mis manos y limitó mis brazos con los que recibo, doy, y abrazo la vida ? Hay una vivencia profunda que impide sacar al clavo, hay resistencias que prefieren seguir clavadas porque se mira con mucho dolor el tener que sacarlas.

El "deseo de Libertad": El paciente o la gente que sufre, lo primero que pide es un consejo o receta que la libere, y le despoje de su dolor. En el evangelio, me recuerda este pasaje biblíco:

> "Y los que pasaban le injuriaban, meneando la cabeza,y diciendo: Tú, el que derribas el templo y en tres días lo reedificas, sálvate a ti mismo; si eres el Hijo de Dios, desciende de la cruz (Intellectual Reserve, 2022)

Este discurso, me hace pensar la crítica de las prácticas que refuerzan al "Yo" en ciertos enfoques "terapéuticos o motivacionales" donde a la persona que sufre, se le reprocha que es responsable de su dolor, es decir, el problema de hacer a la ligera este abordaje, es que se le habla desde un"Yo autónomo"y no a los factores que han producido síntoma (el contenido inconsciente o realidad representativa). Por ello, en el mundo de las certezas, se vende una idea estúpida que hay un camino más corto para llegar al punto de causa del malestar para sanarse. Las consecuencias vienen cuando el síntoma retorna.

¿ POR QUÉ NO TE LIBERAS SI ERES HIJO (A) DE DIOS ?

Cuando mencionaba sobre el problema de ciertos abordajes "espirituales"o Psi al servicio del Discurso Yoico, es que, tanto el mal uso de teorías del comportamiento o del inconsciente, es que pretenden llevarlas a métodos "eficaces o más rápidos" que terminan siendo más el deseo de éxito de un *facilitador o terapeuta que el compromiso de caminar, investigar, teorizar, construir y escuchar el proceso de un malestar como un acto de amor en el acompañar .*

Ejemplo Clínico sobre el Liberar: "Terminar o No a Mi Pareja"

¿ Cúantas ocasiones una persona que asiste con un coach, gurú o terapeuta, habla de su relación de amor ? Por lo general, su pregunta está enfocada en saber si puede salvar o no la relación y ante la angustia, es natural que todo paciente busca una cura inmediata. La problemática, comienza cuando el Terapeuta pretende dar una solución con premura, y desde esa postura, suponiendo que tiene la respuesta, ya está haciendo diagnóstico desde el juicio moral, y direccionando inmediatamente a lo que el paciente o la persona cree que tiene o necesita hacer.

ABORDAJE DEL TERAPEUTA

- *Le hace saber a su paciente, que ante su problemática debería terminar la relación por un sinfín de motivaciones. Primer error; abordar desde una posición de verdad y saber absoluto. Segundo error; No hacer realmente un camino de preguntas e hipótessis que puedan ir dando un encuadre. Así mismo, ante el "consejo" o "solución"del terapeuta, lo que hará el paciente, será el No Hacer.*

- *El fracaso del tratamiento, se enfocará en enjuiciar la "responsabilidad" al paciente, sin darle tiempo y espacio de elaborar el contenido de su verdad interior, pues al "moralizar"el* tratamiento, ocasiona que muchos pacientes o consultantes abandonen su espacio por sentirse atacados, que es distinto, a confrontar con preguntas y elaborar las hipotesis para el encuentro con su verdad interna y la comprensión de su parte de responsabilidad .

- Anteponer un prestigio e inmediatez con afán de cumplir el discurso de "eficacia al problema", anula la capacidad de pacientar para acompañar el ritmo de los altibajos ,el deseo del paciente de desistir, o su enojo porque su terapia siente que no funciona como creía, . Todo eso , parte de un proceso.

Mencioné que el "Yo" es una resistencia, y no está esperando ni siquiera que le digan si debe seguir o no, está esperando que le den la razón de su dolor para no moverse (seguir crucificado) y aún así, negar esa condición.

Poder internarse en pacientar la crisis y acompañar la curva terapéutica, permite abordar las barreras constantes a procesar, y así, comprender desde qué lugar el paciente ubica su responsabilidad con relación a su malestar.

Algo Complejamente Sencillo para el paciente es, aprender en algún punto a preguntarse: ¿ en qué parte de su vida e historia tendría que comenzar a hacerse cargo de sí mismo ? y nada tiene que ver si debe o no finalizar el vínculo, eso, es un procesamiento que de acuerdo a los avances, retrocesos, y posiciones que va conociendo la persona de su verdad interior, aprenderá a ponderar y decidir.

Lo verdaderamente importante es saber leer al síntoma, y no la conducta. En todo caso, la conducta, debe ayudarnos a leer lo que contiene un síntoma, de lo contrario, siempre habrá en automático repetición y por parte de un terapeuta moralización.

Contestando al juicio que le hacen a Cristo del porqué no se salva, simplemente, no sabe de qué tendría que salvarse, la cruz es el único destino que conoce, y los clavos, son un sostén incómodo pero conocido que parecen su salvación.

¿ Acaso es tan fácil dejar los lugares que habitamos ? implica evaluar una trama, un personaje, circunstancias y las historias. La terapia, es un proceso de transformación que exige más allá del ideal presupuestado, no hay atajos, sino vida que caminar.

Si espera el lector encontrar recetas, que siga viviendo en el jardín del Edén, por algo vivimos la expulsión del cielo, para conocer del "bien y del mal". La Repetición, nos permite, o volver a errar, o aprender a reescribir el guion de acuerdo al tiempo de cada uno.

¿ A qué situaciones estamos atados de manos, crucificados o comprometidos?

La Cruz

En la Cruz está el ~~Tu~~, y estoy Yo

Me encuentro descubierto a la Verdad y al Error

Soy el Rencor a la Vida y el Perdón ante la Injusticia

Soy la Muerte

Soy la Vida,

Soy aquello que antes creía

Soy la lanza que suelta los últimos pulsos del resto de mis
heridas,

Mi Alma es una Feroz Tormenta,

I.S.

“... No quiero soñar

mil veces las

mismas cosas ...”

“ Trátame Suavemente “

Soda Stereo

IV. La Terapia como Acto de Amor

"A veces, llorar es otra forma de no ahogarse"

Elvira Sastre (1992 – Actual)

¿ Para qué sirve la Terapia ?

Una de las frases que más me ha tocado trabajar en consultorio, está relacionada cuando el mismo Paciente expresa con cierta incomodidad y angustia sobre su entorno, el constante reproche de que "la Terapia no le sirve porque no le ven cambios". Y es justamente en la idealización de la palabra "cambio" donde comienzo a centrar este capítulo.

LA URGENCIA DEL "CAMBIO"

¿ Qué entendemos por un "cambio", o qué sería un "Cambio"?

¿ Cuáles serían los cambios que un paciente considera que necesita para sí?

¿Qué cambios consideran del entorno que el paciente necesita ?

¿Desde qué lugar se produce la "necesidad o sensación de cambio"?

El encuadre de estas preguntas, complica las cosas respecto a lo que se puede concebir sobre el "Paradigma de Cambio" , porque en realidad, ni siquiera el Terapeuta sabe de ello hasta que no se produce la Relación Terapeuta -

Paciente. El "No Saber" del Terapeuta, no tiene que ver con el desconocimiento práctico y metodológico. Como Terapeutas, no analizamos a priori lo que sucede con el dolor del paciente, y por lo tanto, tampoco estamos en posición de saber qué es ese "supuesto cambio que el paciente necesita", los procesos son caminos de posibilidades y encuentros.

Muchas ocasiones, ante la urgencia de un Diagnóstico; tanto de un terapeuta por "resolver", como de un paciente por "curar", se parte que el "cambio"ya deviene de la idealización de la cura, esto, en función al principio de Rendimiento[7]y el imaginario de una vida indolente impuesto por una Cultura que pide todo al menor tiempo y al máximo esfuerzo. La urgencia, salvo casos de atención en crisis, estarán destinando el tratamiento al fallo y al retorno del síntoma.

En un acompañamiento; la pregunta, abre un campo para allegarse de los componentes del malestar, e intervenir sin imposición ni limitación de planteamientos respecto a un cuadro clínico. Es trascendente mirar, escuchar y poner Presencia en aquello que el paciente siente y el cómo se relaciona respecto a su malestar. Un proceso, nunca es individual, es un

---

[7] "Marcuse denomina *principio de rendimiento* a la mentalidad y a la institucionalidad que enmarcan la represión inherente a la sociedad capitalista [...] Vivimos reprimiendo más pulsiones animales de las que serían necesarias; trabajamos más como cuerpo social de lo que podría ser el caso; jugamos menos de lo que deberíamos; limitamos nuestra esfera de protección y cuidado hacia los seres humanos, cuando la naturaleza es nuestro par ontológico; nuestras prácticas artísticas y de entretenimiento actuales se dan bajo una condición mercantil, cuando podrían ser modos efectivos de creación y socialización." (Ramón, 2022)

lugar de co-creación, de cuestionamientos, y devoluciones que producen la relación Paciente – Terapeuta.

Recordemos que ante la urgencia de cambio, cada persona tiene una relación particular con su síntoma o malestar. Pueden millones de personas tener un mismo padecimiento, y su relación con este, influido por sus condiciones psíquico-materiales no será igual, por ello, cada caso dentro de su generalidad, tiene una especial particularidad. Entonces, permitir un despliegue, es abrirse a cualquier elemento que nos pone piezas potenciales de un rompecabezas, o las líneas trazadas de un guion para leerlo mas allá de su sentido literal. No hay verdad interior que se pueda elaborar si no es por medio de un proceso que ponga en predicamento nuestra supuesta identidad o el llamado sistema de creencias.

¿ Se sabe qué cambios realmente uno necesita, o se hace proceso para dar cuenta de qué cambios son los que un proceso nos posibilita ?

LA RESISTENCIA DEL YO EN LA TERAPIA

El "Yo", es la fortaleza del Síntoma; resiste, reprime, racionaliza y proyecta. Su función, es negar la verdad interior (negar al inconsciente) . El síntoma, es un mensaje, que mediante actos, fisuras del lenguaje, la repetición y la experiencia de las relaciones o vínculos, nos deja huellas y movimientos que generan una apertura de conocimiento, y una rendija, que la identidad Yoica no quiere saber. El contenido de lo inconsciente, es nuestra verdad interior a elaborar, para ser pensada, cuestionada y procesada en su significado.

Elaborar lo que dice el inconsciente, permite leer el guion de nuestra trama transgeneracional, que nos arroja las pistas del personaje que hemos ido caracterizando, y del personaje que hemos visto siempre en el otro caracterizado.

El "Yo", al ser esa Sede de las Ilusiones, se limita a vivir en la burbuja de lo imaginario, y vive su vida en un sueño. El pensamiento Yoico se alimenta del miedo, y teme a la Realidad porque siempre luchará con el proceso; ya sea de apertura de consciencia; una terapia, una meditación, o en un espacio transicional.

Haciendo analogía con la película de la Guerra de las Galaxias; La Entidad Yoica, es el "Lado Oscuro de la Fuerza", donde su característica es almacenar Poder de forma rápida, y su relación con la Vida, está dirigida al Individualismo, la desconfianza y el sostener la Fuerza mediante la rabia, el resentimiento y la venganza.

Sin embargo, más allá de moralizar al Ego, permito hacer esta descirpción porque desde la compasión, podemos observar que el Ego simplemente se alimenta del miedo y jamás quiere perder. Hay una tendencia en nosotros a resistirnos al cambio, a la muerte, a la pérdida, y a todo aquello que produce separación, rechazo y abandono.

La Entidad Yoica toma al cuerpo; cuando tenemos ansiedad, ataques de pánico, intolerancia a la frutsración y pensamientos persecutorios. Esa lucha e incomodidad es un retorno, es una negación al cambio y por supuesto es una agonía que busca repetir. El cuerpo es un mapa de lo que nuestra psique no ha resuelto. El Miedo no elaborado, nos lleva metafóricamente al "Lado Oscuro de la Fuerza", o como diría el Psicoanálisis; a la Pulsión de Muerte:

1) *Toda Pulsión Persigue su propia extinción.*

2) *Toda Pulsión Envuelve al Sujeto en la Repetición.*

3) *Toda Pulsión, es un intento de ir más allá del principio del placer, hasta el reino del goce excesivo, que es experimentado como sufrimiento ..."* (lacan, 2008)

La Expresión de la cadena de significaciones que se hilvanan en el Miedo, puede expresarse en la siguiente frase de la Película: "La Guerra de las Galaxias ":

"El miedo es el camino hacia el lado oscuro. El miedo lleva a la ira, la ira lleva al odio, el odio lleva al sufrimiento. Percibo mucho miedo en ti." (Lucas, 2005)[8]

Estas características del "Yo", son la constante en un Proceso de Derrumbe, de Terapia, de Meditación y cualquiera que represente un abrir de

---

[8] Yoda a Anakin en el Consejo Jedi.

consciencia. Por ello, la pregunta sobre qúe cambios se consideran que se necesitan, resultan una problemática en un camino que se construye.

EL TERAPEUTA NO DA CONSEJOS[9]

"Antes de curar a alguien, pregúntale si está dispuesto a renunciar a las cosas que le enfermaron"

Hipócrates (460 a.C)

¿ Si la Gente supiera a lo que tendría que renunciar, iría a Terapia ?

Probablemente no, sin embargo, si el cuerpo es un mapa de lo que no se ha resuelto en la Psique, seguramente, es el primer indicio de los porqués las personas se abren a la transformación hasta que llegan al límite del sufrimiento. Ello, conlleva ampliar el panorama del cuestionar un por qué, todo proceso que pueda implicar abrir la Consciencia, es un peligro para un Sistema y un Acto de Amor y Valentía.

El paciente (Su" Yo") no requiere realmente de los consejos del analista para hacer, porque la gran trampa de su "Yo", precisa de ser aconsejada para resistir, es decir, para descartar las opciones. Me hace pensar el mandamiento Hipocrático citado desde su literalidad, en cuanto a renunciar a lo que nos enferma. En realidad, el paciente no quiere "renunciar", y ni siquiera sabe a lo que "tendría" que renunciar.

---

[9] Este presente texto, lo modifiqué parcialmente con fines didácticos. Este, fue un texto que agradezco a Marcelo Augusto Pérez me publicó el 9 de diciembre de 2021 (Marcelo Augusto Pérez, 2022)

Guiarse por este mandamiento a la letra del signo, sería un Saber definitivo al motivo de consulta, como el consejo preciso que el paciente necesita para resolver inmediatamente el problema que le aqueja, en tanto, el "quehacer" de los psicoanalistas no sería ,y lo inconsciente no existiría.

PACIENTAR

El Acto Terapéutico de Amor, es permitirse "HaCSer" paciente. En este juego de palabras de Ser y Hacer paciente, es trascendente mencionar que, "ir a Terapia, no solo es ir a Terapia", sino es comprender que se debe construir la Terapia, desde el espacio donde se construyen elementos de la Relación del Paciente - Terapeuta, hasta los elementos que se juegan en la vida diaria para analizar las posiciones que cada uno juega en cada aspecto de su vida.

Hacer Terapia, no es un milagro que produce efectos por sí sola, aquello que se llama cambio, no se trata de solo hacer o dejar de hacer cosas; es un tránsito de modular las reacciones con las cosas o situaciones que están fuera de nuestro entorno, y que su cambio, se produce cuando hay una capacidad de adquirir un sentido de libertad respecto a las situaciones que causaron dolor o incomodidad. El Acto Esencial de Amor en la Terapia, es aprender a pacientar el proceso, desarrollar un sentido de honestidad con uno, y no desde un sentido moralista del" bien y del mal", sino partiendo de la honestidad que se ubica como reconocimiento propio de lo que nos habita, *producto de nuestra historia, tanto de resistencias internas y los comportamientos de evasión que impiden mirar la verdad interior.*

La Terapia, es un Acto de Amor para con uno y para con otro , es un camino incierto de entrega y de análisis constante. Mas allá de curar o sanar, el objetivo primordial de la Terapia, posibilita el Despertar de Consciencia. Es un proceso de saberse y aprenderse a mover de lugar en el poderoso acto de amor del hacerse cargo de uno.

EL MIEDO A LA LIBERTAD ES LA RESISTENCIA AL CAMBIO

Cuando la persona, en algún momento de su proceso, da cuenta de la posibilidad de mirarse un poco más libre a través de los sucesos de su historia; porque va comprendiendo los lugares, los porqués, y el sentido que estaba anudando muchos de sus problemas, naturalmente, surge el efecto de estancamiento, porque al comenzar a mirar la responsabilidad y la posibilidad de "cambiar", se logra ubicar en el punto de salto al vacío. Un salto que confronta a soltar ataduras que están a veces sostenidas de la nostalgia de mirar atrás. En el proceso, el "Yo"siempre tiende a volver siempre al lugar que conoce, y el paciente se enfrenta a la resistencia de tener que construir y habitar un espacio que nunca conoció cuando va a saltar al vacío.

LA VERDAD INTERIOR Y EL "CAMBIO"

La Verdad Interior, más allá de la "romantización de una verdad que libera en forma indolora y saca brillo a la vida "realmente produce a veces dolor, angustia, culpa y castigo. El dar cuenta en la Terapia, habilita gradualmente un sentido de libertad y de responsabilidad para dejar de realizar conductas o actos que antes eran reactivos, compulsivos, o esencialmente conocidos por el aprendizaje estructural de su "Yo". El proceso, invita al reconocimiento y el soltar. En el proceso de Terapia, resignificamos nuestra Cruz, o ese lugar que tanto conocemos. Tomar terapia, es un acto de Amor Valiente, porque se juegan los costos emocionales, estructurales y vinculares. Ese costo, es lo que mas miedo causa, porque ese es un salto al vacío. Saltar al Vacío es decisión, y toda decisión trae efectos.

¿ QUÉ ES ESE CAMBIO ?

Aquello que se conoce como cambio, radica en el "pequeño gran hecho" de ser capaces de aprender a "Tomar Decisiones". Muchas desiciones, son trascendentes porque conllevan pérdidas, que son puestas como un gran juicio y crucifixión de nuestro entorno. El paciente, se enfrenta a muchas sentencias sociales, familiares y de sus vínculos cuando ingresa a terapia, porque comienza a relucir aquello que era normalizado por sus Sistemas (Interno, Familiar, de Pareja, de Trabajo etc) y se enfrenta a expresiones siguientes:

1.- *"Para qué vas a terapia si no estás loco (a)"*:

Culturalmente, se acota la mala concepción de la locura y el malestar asociado a la exclusión en las personas que están en Centros de Salud Mental y Psiquiatricos como el límite de nuestra cordura, sin tener en cuenta que, la Terapia es un espacio de verdadero Amor Propio y de Amor al otro para resignificar nuestra posición ante la vida. Sería un acto de amor, considerar además de la terapia, espacios transicionales para no seguir siendo inconsciencias al borde del colapso, confundiendo evasiones con placeres (goce).

2.- *"Es muy cara, y es un privilegio"*:

Es cierto que no todas las personas tienen acceso e información a la salud mental como se ha indicado en esta Obra ante un principio de Rendimiento. Esta creencia; sumado a los tabús o ansiedad de buscar soluciones rápidas como anestesias para no contactar con el dolor, dejan a un lado el trabajo de muchos colegas e instituciones puestas a la Alteridad social. Es de suma importancia comprender hasta qué punto de legitimidad se usa la palabra privilegio como realidad o como resistencia.

3.- *"No veo que la Terapia te funcione, no veo cambios, dile a tu terapeuta que no te está funcionando"*:

¿ Y a quién le debe funcionar la terapia ?

¿ Cómo cree usted que funciona la terapia; de acuerdo a sus expectativas, o de acuerdo al contenido de la percepción del otro?

La Terapia no es un servicio al cliente, ni una sastrería para crear identidades a la medida. La Terapia, no es tampoco una creencia (cuando dicen que no creen en la terapia), la Terapia es un Proceso que no solo es escuchar a la persona en la reunión de café por la tarde; es un acompañamiento donde escuchamos lo que los pacientes no se escuchan decir de sí mismos; es una construcción de hipótesis, y posibilidades.

 La Terapia, es un espacio de pausa ante el ritmo de ajetreo de la vida, para repensar en esos vacíos, el surgimiento milagroso de las verdades internas y la consciencia. La Terapia, es un espacio del no juicio: En un mundo donde ya bastante la Cultura y el afuera se avocan a penalizar y crucificar. El espacio terapéutico es la subeversión al Sistema Moral y a la época; que señala lo que está bien , lo que está mal, lo que es normal y no es normal, habilita un lugar para hacer y ser el amor porque se entregan y se reescriben las historias para un mejor porvenir.

La Terapia es un acto de amor, tanto del terapeuta que se entrega y constantemente se renueva al espacio, como del paciente que se observa, y se confronta. La Terapia, es habilitarse en preguntas que, aunque sean repetitivas, van cambiando de sentido, produciendo una cercanía a la verdera respuesta interior.

- ¿ Por qué piensas lo que piensas ?
- ¿ Por qué haces lo que haces ?
- ¿ Por que te sucede lo que te sucede ?

- ¿ Por qué te duele lo que te duele ?

- ¿ Qué es lo que pierdes cuando pierdes ?

Y podemos seguir con muchas preguntas, pero esencialmente, Terapia, es aprender a Ser y Hacer Paciente, a mirar el vacío de cada herida y de cada silencio para construir y compartir herramientas para que el Paciente aprenda lo mas esencial de sí.

La Terapia, es la Posibilidad de Caminar, de ser un encuentro con Verdades Internas que permiten el Poder de hacer Preguntas y tomar decisiones (el lugar esencial del cambio).

Las Terapias, la meditación o el arte, son espacios transicionales para caminar la existencia, con sus problemas o desventuras desde nuevas perspectivas. Ser paciente en Terapia, es aprendernos a hacer (ser) cargo de nuestra propia vida, para tomarla como es.

La Terapia, es aprenderse a mover sin cargarle al otro los infortunios de nuestra historia, y sin cargar los del otro.

La Terapia es un Acto de Amor, porque aprendemos a amar sin cargar, y a amar para acompañar.

Vida

Como olas de Mar que vienen y van,

Que son mensajes de ida y vuelta,

Mareas que acarician mi alma,

Como feroces tormentas que me sacuden y me hunden,

La Vida,

Como ondas que emergen y se diluyen,

Que me renuevan y me destruyen,

La Vida,

Son como olas voraces al Náufrago y como corrientes de calma al Navegante

La Vida,

El movimiento incesante

I.S.

"... Contigo supe que
la distancia, separa
cuerpo, no corazón
Contigo supe que
no hay más vivo que
aquél que muere
de amor ..."

Daniel Quién

V.   El Amor & La Muerte

" La Catástrofe de la separación generalmente se
agudiza aún más porque no solo constituye la
frustración de una necesidad, sino que representa
también la frustración de un intento de curación."

Igor Caruso (1914-1981).

¿ Qúe puede tener de común el Amar y el Morir ?

*Que cada día nos estamos muriendo de muchas formas... que nos morimos
al iniciar el día, y cuando cae la noche.*

Morimos en la decisión que navega los mares de la incertidumbre.

Nos morimos en el acierto y en el error.

Nos morimos al dar un perdón y al hacer el amor.

Nos morimos en cada nuevo adiós,

Toda muerte es pérdida y liberación,

Morimos en la incógnita de una transformación para volver a Dios,

Morimos para volver al Amor.

¿ QUÉ PUEDE TENER EN COMÚN EL DOLOR DE AMAR Y MORIR ?

"El miedo a la Separación y la Resistencia a la pérdida."

En el Proceso de Separación, tanto de muerte y por amor, la Resistencia, es indicador del "miedo a morir" (imaginaria, simbólica y real). El miedo a la muerte, dialoga en sus muchas formas con la sensación de inexistencia, de impotencia de no lograr poner palabra al "corte a la vida", y la negación a la separación expresada en el cuerpo.

La Muerte, suele explicar desde muchas nociones ,un punto de coincidencia: "Que las hipótesis postmortem, parten del Reconocimiento a una Existencia de una Realidad (un más allá)".

Entonces: ¿ Qué hay después de Morir?

¿ Será el Amor en su raíz semántica de Ausencia de Muerte ?[10]

En la partida de un cuerpo, y en la terminación de un vínculo, hay una primera sensación de "No Vida, de No poder seguir ",y por lo tanto, una confrontación. Esa confrontación, puede arrojar que "no solo muere quien en términos Científicos muere"; también, muere de una forma, el ser querido que se queda, así ,como al terminar una relación; se muere un lazo,donde también mueren dos.

---

[10] A-mor (a) sin – (mor) mortem: Ausencia de Muerte

En la Separación, se muere un Mundo; como contenido, como memoria, como un lazo ,y como aquello que significa "Si T̶ú̶ No Vuelves" en toda su metáfora a elaborar. La Separación, deja ver un Claroscuro; que en el Budismo se conoce como Bardo ,y que en la Psicología se conoce como Duelo. Hablamos de un camino que lleva a "otra vida", a un "algo" que nos acerca a METANOIA.

La Separación es muerte (Imaginaria, Simbólica o Real), que nos deja sin certezas, y aunque muchas veces se buscan,nos quedamos en una especie de caída libre que nos sumerge en la incógnita del vacío y de una lucha incesante con el contenido Yoico de la Mente que resiste a la separación, proceso que sucede en el Duelo y en el Bardo[11].

Tal vez, lo que sigue de toda Separación; por muerte y por amor; es la posibilidad de un reencuentro,y un renacimiento, aún, en sus transisciones más oscuras ...

> "El pájaro rompe el cascarón. El cascarón es el mundo. Quien quiera nacer, tiene que destruir un mundo. El pájaro vuela hacia Dios. El dios se llama Abraxas."
>
> Demian. Herman Hesse. (Maribel Pascual, 2022)

---

[11] Bardo [...] estado intermedio entre la muerte y el renacimiento [...] (Rimponché, 2006)

¿ Dónde está el vacío ?

El vacío dice nada y dice mucho...

El vacío, está en la pregunta que nos hacemos para saber si realmente estamos vivos, cuando perdemos a un amor , en la muerte de un ser querido, de una mascota, o la terminación de un ciclo. El vacío, está en una enfermedad que cambia nuestra vida, en la falta de economía para llevar comida, o, en la espera de mensajes que nos cambien la vida. El vacío, es un llamado, es una lucha y un susurro caótico de la pérdida. El dolor del vacío; tanto del amor y la muerte, nos duelen en nuestras fantasías; de lo que fue, de lo que no fue y de lo que pudo ser. El vacío, también duele en anhelo de regresar a la vida, al momento de una vez primera y de volver a la persona amada. El Amor y la Muerte, nos duelen la vida y nos cambian en un instante la perspectiva. El Amor y la Muerte, se sienten como un Todo en la Vida y en su vacío, como un No Todo que deja "sin vida."

LA ILUSIÓN DE LA SEPARACIÓN

*"...Contigo supe que no hay mas vivo que aquel que
muere de amor,*

*Contigo supe que la distancia separa cuerpo, no
corazón..."* (Quién, 2021)

Culturalmente, se suele concebir la Separación desde una visión hegemónica de la imagen al cuerpo, la estética y los sentidos. Esto significa, que los finales, tanto en la muerte y la finalización de un vínculo de amor, suelen asociarse solamente a la separación física de los cuerpos. En el camino del Bardo y el Duelo; las emociones y las sensaciones que se viven, dejan ver que la ausencia física, solo es una parte, y que esta, no es suficiente cuando hay una memoria psíquica o emocional que recuerda, revive, y se resiste, por lo que abre la siguiente incógnita,

¿ Será que algún día nos separamos verdaderamente, o, más bien, aprendemos a recordar de foma diferente ?

¿ Eso será lo más cercano a sanar la memoria y la fantasía doliente, a un lugar ,donde el sufrimiento no permee completamente nuestra vida ?

Podría ser que, aquello que sanamos o que curamos en la separación ,es nuestra forma de recordar, asumiendo que no existe eso que llamamos olvidar.

La muerte; es un cambio, un corte de tránsito a lo desconocido, que tiene resistencia , flujo, crisis y aceptación. La Muerte como el Amor, son un soltar y retener, un constante perder para encontrar.

¿ QUÉ PERDEMOS EN LA MUERTE, QUÉ PERDEMOS EN EL AMOR?

Te pierdo a ti, y todo lo que no pudo ser.

A las promesas que no pudimos cumplir.

Te pierdo a ti, sin saber qué seguirá.

Te pierdo porque yo me quedo aquí, mientras respiro el aire, y te miro en el recuerdo,

Te busco por las luces y callejones de ciudades que saben a ti,

Te pierdo a ti cuando miro el vacío que no había visto en alguna parte de mi,

Te veo en un boleto de avión,

Te escucho en una canción,

Te espero en el mensaje que jamás llegó.

Te sueño como deseo, y te temo como el mas profundo miedo de algo pendiente que siento que nos quedó...

La separación física, no pone fin a que la unión sigue viva en el psiquismo, por ello, la separación primordial, es lo que nos sucede al interno, y no del todo al externo.

¿ Qué perdemos cuando perdemos ?

¿ Qué muere de nosotros en el otro y del otro en nosotros ?

Transformación

Yo soy como la potencia de la Tierra,

Paciente y firme,

Mutable e impredecible,

Fiel a las estaciones del Tiempo,

Soy una cálida primavera y la meditación en invierno

Soy el vuelo de las hojas en otoño, y la pasión en las noches
del Verano

I.S.

"... Tengo una Fe
que madura,
que va conmigo y
me cura, desde que
te conocí ..."

" Hoy "

Gloria Estefan

VI. Cristo Sanador, No Salvador

"El escritor como tal, no está enfermo, sino que mas
bien es médico, médico de sí mismo y del Mundo."

Gilles Deleuze (1925-1995).

Padre; ¿ Por qué me has abandonado ?

¿ Y Quién es el Padre ?

El padre, es el "Tú barrado (~~Tú~~)" y un contenido representativo. Ese Padre;

es Dios, tu pareja, tu hermana o tu madre. Puede ser la vida y los designios

de la suerte ausentes. Realmente, ¿ quién nos abandona ?

Puede ser la Esperanza, la Vida, la Suerte o el Amor...

¿ De qué otras formas decimos que el "Padre" nos ha abandonado ?

En la Mirada ...

" ...Dime amor, amor , amor, estoy aquí no ves, si
no vuelves no habrá vida, no sé lo que haré ..."
(Miguel Bosé, 1993)

La necesidad de la Mirada, y el dolor de la "No Mirada", posiciona una

súplica de ser Reconocido como designio del otorgamiento de vida.

Solemos bajo esa premisa, crucificarnos ante la demanda de Ser mirados. Decir de otras formas que el "Padre" nos ha abandonado; es pensar aquellos momentos cuando sentimos que dimos todo en algo y no sucedieron las cosas como pensamos, cuando nos sentimos decepcionados, o, cuando sentimos que no fuimos suficientes.

Hay una gran fantasía Neurótica de querer ser el Todo y abarcarlo todo. Esa Fantasía, cobra sentido en cada historia para descifrar la atadura sintómatica que crucifica a las personas en su vida.

¿ Por qué repetimos los mismos errores ?

¿ A qué nos estamos crucificando ?

Muchas ocasiones, algo que ata, es esperar con idealización el obtener algo que nunca llega; la liberación de algo, la aprobación, un perdón, un mensaje, una persona, o una situación etc . La sensación que hay en las personas de sentir que no han podido ser suficientes, conlleva una gran carga que se juega con miedo y resentir. A veces, considero que la gran Herida de los Seres Humanos es la Mirada, y la constante sensación de esperar algo que cambie las cosas para restiuir el daño.

¿ Qué tan fácil es perdonarnos a nosotros mismos o al otro ?

¿ Qué tanto el perdón implica un dejar ir ?

No bajar de una Cruz, nos compromete con una fuerza que esperamos que nos Mire y que nos Reconozca; cuando esto no sucede, ocurre la lucha, el dolor, y el control. La espera idealizada, también es asignarle al otro una carga imposible de ocupar: la carga de liberarnos, que nada tiene que ver con la gran capacidad de amar para acompañarnos (no importa del vínculo que se trate).

EL SÍNTOMA DEL SALVADOR.

¿ En que se parece un paciente y nuestra humanidad a lo que hizo Cristo ?

Cristo, ayudó al leproso, al ciego, al paralítico y revivió al difunto. En cambio; Pedro lo negó, Judas lo entregó, y "ninguno de los que ayudó, lo ayudó". Entonces; ¿ Quién, o quiénes crucificaron a Cristo ? Si lo pensamos en la actualidad, nosotros lo Crucificamos, y es porque en la Posmodernidad, seguramente lo volveríamos a Crucificar.

He compartido reiteradamente que la entidad Yoica es un Sistema, y como todo Sistema, nada puede alterar su dinámica, porque, de darse tal hecho, el Sistema Resiste, Reprime y Reniega.

Cristo, desde una visión de Lucha Social, desafió a un Sistema; desde su Entidad Yoica tentada en el Desierto, a la Religión de su época,y al mismo Patriarcado de su era con María Magdalena; era imposible que la mujer ocupara un sitio importante en el culto (algo, no tan lejano al día de hoy). Cristo, fue el indicio más cercano a la consciencia social y una fiel representación de consciencia colectiva en la lucha actual.

¿ No consideran que el Dogma religioso se jacta fanáticamente en la espera de la "Segunda Venida de Cristo"? En esa constante predicción, sin darse cuenta, y ante su sesgo aferrado a la letra del fanatismo, tanto, los Dogmas como la Cultura actual lo volverían a Crucificar.

Cristo mostró la transformación del poder de un milagro, la cura a una enfermedad, y por más que fue un médico del Alma, Cristo, aún así, fue enjuiciado y Crucificado.

¿ Qué otra prueba necesita la historia y la gente para declararse incompetente para la verdad ?

> "...Demasiado tarde venimos para los dioses y demasiado
> pronto para el ser,
> cuyo poema iniciado es el hombre..." (Heidegger, 2022)

> (adhiero : el Humano en lugar de Hombre)

¿ Qué tanta semejanza tuvo con nosostros, que, tampoco fue en esa instancia mirado o reconocido ? Aún, sin ser ese lugar "Suficiente", y, aún, sintiendo el derrumde del abandono de su "Padre (Sistema)" en la Cruz, Cristo perdonó, y en ese momento, fue cuando seguramente se liberó:

> "Jesús decía: Padre, perdónalos, porque no saben lo que
> hacen. Y repartieron entre sí sus vestidos, echando
> suertes". (Reina Valera, 2022)

¿ Qué Perdonó ?

¿La inconsciencia de las personas que lo Crucificaron?

¿La mirada limitante de las consciencias que le castigaron por exponer otra forma de vida, que ponía en riesgo a la Idiosincracia de su época ?

Más allá de perdonar en un aspecto personal ("discúlpalos por lo que me hicieron"), considero que, al Pedir al Padre que perdone; en primera instancia acabó diciendo las palabras de Heidegger;"... llegaron tarde para los Dioses...", en tanto para la Verdad, o para la consciencia. Por ello, Cristo pide al Padre por una Consciencia Histórica y el Porvenir.

En otros textos, se menciona la frase de Heidegger; "que somos un poema inacabado en lugar de un poema iniciado es el hombre ", y es en este sentido, el pedido de perdón, cuando el proceso conlleva abrirse a la consciencia, es la escritura real de un poema que no termina por escribirse ... Entonces

¿ Qué es el Perdón ? :

- *La vía regia de hacer M E T A N O I A.*

- *Un mensaje necesariamente tardío.*

- *El Neurótico escucha su mensaje tarde (a posteriori) no antes, por lo que la potencia del aprendizaje es una lectura inversa. Cristo, lo muestra antes, y este es el sentido esencial de comprender la naturaleza necesaria de los Derrumbes.*

Ya lo expresaba Gustavo Cerati en una canción: "Perdonar es Divino":

" Tu voz en el mensaje,

Me pide que te hable,

Pero puede que sea tarde,

Para cuando me escuches " (Cerati, 1999)

El Ser Humano la mayoría del tiempo necesita repetir los mismos errores, y comprender después del suceso algo para resignificar.

EL PROCESO DE DERRUMBE ES EL MENSAJE

Cristo relució una gran sabiduría que puede llevar tiempo en Terapia, o en Espacios Transicionales; y es, el mirar que hay acciones del otro que, muchas ocasiones consideramos que atentan de forma personal contra nosotros. Sin embargo, muchas de esas acciones, si bien nos señalan, y en un sentido, atentan objetivamente, sucede que, nos vestimosy vestimos de representaciones históricas no resueltas, que al final, poco o nada tienen que ver con nosotros. Por ello que "Perdonar es Divino"; es soltar un Poder que nos otorga una posición de razón y de dolor. Perdonar; es un entendimiento de máximas que ponen en controversia situaciones que limitan la visión del perdón por la Moralidad y el Dicsurso Jurídico, en tanto Punitivo.

El perdón,no es un deber ni una obligación, es un acto necesario de liberación y de autoconocimiento muy profundo. Se trata de una liberación del Cuerpo del Dolor; del sentido de carga que se alberga en nuestros diversos cuerpos ,y en nuestros lazos con la vida.

El perdón, no es per se "Olvidar, liberar ,o dejar de castigar al deudor". Partiendo que no existe el olvido; el perdón, se trata de recordar las cosas desde un nuevo sentido, con las posibilidades y recursos que se van adquiriendo en el camino.

El Perdón, es un entendimiento que despierta una consciencia que da vuelta al" sentido objetivo" de los hechos y creencias de una Cultura y que conlleva a veces ciertos esecenarios:

- A veces, amar o perdonar al prójimo, es, no hacer nada por él. Es permitir que viva, que aprenda y se caiga. Si está en su consciencia, es respetar su posibilidad a que rectifique, no para nosotros, sino por un propósito de mayor bien a sí mismo y su entorno. Pretender intervenir pensando que podemos salvar,solo nos causaría mayor dolor.

- Que gran parte de lo que el exterior nos señala o señalamos, tiene que ver en su mayoría con la historia del otro o nosotros.

- Que aquello que de la Historia del otro, toque en parte, historia nuestra, será oportuno distinguir la parte correspondiente de cada uno.

- Que no estamos obligados a cargar por "amor o por lealtad", porque en todo caso; es ser un salvador, y es despojar al otro de su proceso de hacerse cargo.

- Que no podemos ser Todo y no podemos dejarle al otro la imposible y enorme carga de que sea el Todo; es otra forma de crucificarse.

- Que esos princpios son de ida y vuelta. Que no sanamos per se estando solos, necesitamos de la interacción con el otro y de lo Otro.

EL SISTEMA VOLVERÍA A CRUCIFICARLE

Mencioné que muchas veces la gente no quiere la cura, prefiere evadirse y quiere la Anestesia. El Sistema promueve soluciones rápidas en farmacias, en algunas terapias y en formas de hacer del juego y el placer un exceso. Hoy, hay muchos Paliativos, y en el fondo menos Procesos, ya se confunde el placer con exceso. Así, lo expresa la voz cultural en cuanto a la resistencia por los procesos de Terapia. El Sistema, en todo caso absorbe "Terapias" afines a sus intereses del Rendimiento.

Si Cristo volviera, ni los mas devotos, ni los estudiosos, y ni siquiera sus milagros, serían suficientes para reconocer una verdad. Cristo sería crucificado desde multiplicidades que hoy, son problemas de lucha social:

- Temas Segregacionistas y el Culto al Cuerpo; si es Oriental, negro, Occidental, si habla arameo,o es" bello".

- Desde la Ciencia; Debe someterse a la veracidad de la metodología científica, o sería preso de experimentación.

- Desde la Economía; Seguro sería perseguido por la Industria de la Salud y Farmacéutica.

- La Religión; La Disputa Bio-Geo-Dogmática de acuerdo a cada profecía sometida a los Cultos para dictaminar la "Veracidad"de que es el Mesías.

- La Política; Los Políticos son los agentes interesados de encubrir la "Institucionalidad jurídica, económica y administrativa" de un Sistema.

Cuando hay entidades Yoicas como las mencionadas, o mentes tan cerradas a cultos, mitos, y dogmas; su lente de resistencia y compulsiones, volverían a arremeter contra aquello que suponga un cambio de paradigma.

Cristo no vendría para volver a explicar el mensaje dos veces, y es simple; es el ejemplo del proceso de M E T A N O I A

La Humanidad sigue dormida esperando ser salvada ...

CRISTO SIGNIFICANTE

Cristo, es una Consciencia; una amplitud de contenidos que se expresan en cada Realidad Material. Sin importar géneros o etiquetas, Cristo, es un ~~Tú~~, porque es un Significante, y porque un significante es una cadena de conceptos y preguntas que cambian de significado. Es decir; significan muchas cosas dentro de la misma cosa. En tanto, Cristo es una Representación, que en esta obra, es aterrizada desde el proceso humano de derrumbe y que nos dota sentido común.

Cristo, muestra el sueño en el que vivimos sin despertar, nos muestra una metáfora cuando vivimos sin darnos cuenta que estamos cargando nuestra Cruz. Cristo, representa el vacío, la vida, la muerte y la resurrección. Cristo, nos muestra nuestro síntoma de vivir en la abnegación y el sacrificio de la Cruz del Salvador: Un Salvador que tiende a hacerse cargo de todo menos de si mismo.

Cristo, estuvo crucificado desde que nació. El Nuevo Testamento, ya democratizaba que él conocía su destino. Cristo, lo supo a priori como un ejemplo para los Seres humanos. Nosotros, lo sabemos, lo aprendemos y adquirimos la experiencia a posteriori. Solo después de los derrumbes, es cuando en los procesos de la vida uno va aprendiendo a amar mejor, a no cargar al otro, y a hacerse responsable de uno mismo. Ahí nos hacemos cada vez más libres.

CRISTO SANADOR Y LA OTRA SALVACIÓN

> " Ya no Existe un Dios en las Alturas al cual exigirle
> cuentas, vivimos ya en el desorden y lo que vaya a pasar
> , ya es asunto nuestro".
>
> Slavoj Ziizek) (Diario el País , José Andrés Rojo,
> 2022)

Así como el escritor es médico de sí mismo y del mundo, Cristo fue ese médico de sí mismo y del mundo.

Lo que mostró Cristo en su Historia, es que dejó un mensaje de Salvación, entendido, a un proceso donde es hora que la Humanidad, a tráves de plataformas de información y democratización de accesos, impulsados por aquellos que, en mejores escalas y condiciones, logren ser puentes de ayuda para facilitar herramanientas para quienes están en condiciones de desigualdad.

El Proceso Crístico, es un mensaje, el de ejemplificar que todos pasamos por una Cruz y la cargamos en la vida. Ni Dios bajó y lo salvó, y ni sus discípulos abogaron y lo salvaron. Cristo asumió un camino de muerte y transformación para hacerse cargo, para salvarse y sanarse a sí mismo teniendo que vivir ese proceso a tráves del Otro.

Cristo, era un Sanador que mostró un proceso de Salvación colectivo, no un Salvador que estamos esperando dos milenios para que nos venga a liberar.

Cristo fue el médico , no un Salvador.

Te Juro

Te Juro querida Vida

Hay días que no te entiendo,

Y por momentos, ni siquiera me entiendo,

Te juro querida Vida,

Que aunque no te entiendo,

Y esté dando tiros de gracia al tiempo, y a veces maldiciendo
a los cuatro vientos,

Aquí me tienes, lo más fiel a tu reflejo,

Viviendo lo mejor que puedo,

Dándote todo lo que hoy tengo

I.S.

"... Separarse de la especie por algo superior, no es soberbia, es amor, Poder decir Adiós, es crecer..."

Gustavo Cerati

VII.   Soltar

"La esperanza es algo con plumas que se posa en el alma
y canta su canción sin palabras, y jamás se calla."

Emily Dickinson (1830-1886

¿ Cómo Soltar ?

Sanar y soltar, no trata de aprender a olvidar, de huir, o abandonar, sino de reaprender a recordar.

¿ Cómo reaprender a Recordar ?

¿Qué soltamos cuando soltamos?

A veces, queremos terminar algo, concluir algo, pero no sabemos del todo qué es aquello que se suelta, ni exactamente con qué se quisiera terminar:

¿ Acaso sería con la parte mala o desagradable de un vínculo ?

¿ Acaso con un mal día que pudo permear en sentir que fue toda una vida?

¿ Con la parte mala de tu familia, de tu jefe o tu pareja ?

¿ Qué quisiéramos soltar realmente ?

Podría ser, que ni siquiera de ello se sabe ... Soltar, es una decisión que causa angustia. Causa Angustia y causa Sufrimiento por la incertidumbre del cambio, porque todo soltar implica ganar y perder; esto, a veces en su totalidad, y suele ser aterrador.

Soltar, es una decisión, y no lo digo como algo racional; sino de aquello que nos vincula a contactar con el miedo, el dolor y la pérdida.

¿Por qué da miedo la Terapia?

¿ Por qué da miedo el Cambio ?

¿ Por qué da miedo la Vida ?

¿ Por qué da miedo la Muerte ?

¿ Por qué da miedo el Amor ?

No se sabe qué se gana, no se sabe qué se pierde... la vida es incertidumbre y error. También, puede ser, que el error no sea un error, sino un puñado de semillas de valor, algo que aspira a transformar un algo que se fisuró.

¿ Qué dejó de hacer Cristo ?

- *Salvar al Otro...*

¿ Que dejamos de hacer cuando dejamos de hacernos cargo de los otros ?

- *Nos bajamos de la Cruz ...*

Bajar de la Cruz, implica dolor, implica morir, implica una "renuncia" y también la adquisición gradual de una Libertad aprendida, producto de la experiencia para hacer, o dejar de hacer.

¿ Cómo se adquiere esa experiencia o libertad ?

- Lastimosamente, a veces repitiendo. La repetición de los mismos errores, es un recuerdo, por tanto, el síntoma opera como un mensaje inverso que no quiere ser confrontado por el "Yo", porque no quiere saber nada de su Verdad Interior.

- La repetición, es una "oportunidad de identificar el mensaje oculto de lo que se está recordando".

- Aquello que se está recordando, es lo que permite ser reposicionado.

¿ Cómo Soltar ?

Pacientando,

Analizando,

Repensando,

Sufriendo y Reconociendo,

Abrazando lo que se va Reconociendo,

A veces maldiciendo,

Pero esencialmente, para Soltar, hay que aceptar que nos estamos Muriendo.

Para Soltar, estamos en un "entre" , que es la lucha del "Yo", ese que se resiste a morir...

Soltar es un Salto al Vacío, al lugar desconocido, y que a veces, nos pone en posición de ataque o peligro.

Soltar, es el camino del Bardo y el Duelo.

Soltar, es un pacto con la eternidad, que nos enseña a conservar para aprender a soltar.

En su paradoja, Soltar requiere aprender a Conservar, y el Conservar, requiere aprender a Soltar.

Soltar es un pasaje, y una memoria donde habitamos los significados más profundos de amar, de abrazar, de gestionar, de conservar y de transformar.

Soltar

Es darle rienda suelta a los regalos del Alma,

Soltar,

Para darle cabida a una nueva Esperanza,

Soltar,

Porque el Alma ya no necesita mas cargas,

Soltar,

Y lanzar al Cielo el mayor anhelo,

Soltar,

Para encontarnos de Nuevo,

Soltar,

Y darle cabida a lo nuevo, siempre con el Corazón Abierto

I.S.

"... Tengo la Suerte
de tener una pasión
en mi mente, de
entender que mi
vida es mi vida,
pero mi voz es del
resto de la Gente ..."

" Gracias "

Pablo Alborán

VIII.   Gratitud

" ¿ Qué habremos aprendido si en el momento de la
muerte no sabemos quiénes somos en realidad ? "

Sogyal Rimponche (1947-2019)

Lo más conocido a la gratitud, ha sido el camino de poder abrazar lo que he vivido. Es complejo poder hablar de esto ante las innumerables experiencias que se desenvuelven en el mundo, tomando a consideración, la existencia de múltiples realidades que en muchos casos desconozco, y que insisto, es de quienes nos toca en este camino de acompañar, hacer algo más, para ir facilitando accesos, información y procesos a personas que su vida es un sufrimiento y supervivencia constante.

Si Usted ha llegado a este punto; es importante reiterar que esta Obra fue pensada en un unificar la muerte, la pérdida, el amor, el sufrimiento y aspectos terapéuticos recogidos en consultorio para poder abarcar en mayor sentido, un acercamiento para cuestionar discursos que se miran en la actualidad sobre la sanación, la libertad y el Yo.

De alguna forma; me permití conectar con un lenguaje poético, estrofas musicales, películas y novelas literarias para hacer una lectura más amable. Esto, pensando en que poseemos diversidad de conocimientos, donde la coyuntura de la presente obra me implicó también meterme a la poesía y a *filósofos que a veces, su grado de conocmiento podría dificultar el entendimiento de lo que se trata de compartir. He de confesar, que ha sido también un duro trabajo para mi , el poder resignificar y unificar disciplinas que son apasionantes y que con mi grado de experiencia les comparto.*

GRATITUD

Sin la vida de mis ancestros, de las personas que han estado y me han permitido tocar sus vidas, esto que soy, simplemente no podría ser.

En el proceso para parir este libro, ha sido una muerte, una pelea y una resistencia constante. Me vi orillado a tomar decisiones y caminos drásticos para romperme, para entender mejor a la gente, para juzgar un poco menos , y, para conocerme mejor... en el camino andamos.

No cabe gratitud a la Vida porque escribir es mi latido , la bendición más potente que encontré desde mis once años.

Entiendo y comparto que la llave que lleva a Soltar y Renacer, es la Gratitud con las personas, las experiencias, y el haber transitado la oportunidad de reaprender a recordar mi vida, la de mis ancestros, mis vínculos , y la de mis pacientes para aprender a reescribir lo que años no podía reescribir.

Deseo, que a los que se encuentran leyendo esta obra, y que con toda mi alma escribí, puedan encontrar herramientas para sanar, para cuestionar y para aprender a recordar.

Que las letras de esta obra, resuenen, les enojen, les liberen, les cuestionen, y que esencialmente, les renueve.

Tal vez, aún no sé quién soy en realidad, pero agradezco que me queda una vida para aprender a recordar que soy una gota en la fuente infinita donde componemos un mar de laureles con sabor a paz.

A MIS DOS OBRAS ANTERIORES

21 APECTOS SOBRE LA VIDA QUE FILOSOFÉ A DIOS EN UN DIVÁN / RELATIVIDAD (2019)

Mi primer libro, que me llevó a borrar por lo menos cinco libros de prueba en tres años mientras era abogado, y me tomó siete en hacerlo porque no estaba listo interiormente.

Fue hasta que decidí integrar la abogacía a mi base de vocación terapéutica, comencé por 2018 a escribir pensando en un camino de las cuestiones mas cotidianas de nuestra vida en 21 aspectos y uno oculto (22) como la baraja del Tarot, para mirar una perspectiva de buscar el camino de vida de cada persona. 21, me llevó a mi camino de Analista y formalizar la experiencia terapéutica.

AMAR TE HACE SABIO / CARTAS A A.M. (2021)

Un libro inspirado en un Amor que conocí en las bellas lunas de Octubre y que agradezco con el respeto y la honra que merece Andrea (A.M); como un antes y un después. Una mujer joven que guardaba contenidos de mi historia transgeneracional, y una enigmática caja de Pandora para desentrañar secretos de mis potenciales y oscuridades.

Amar te hace sabio, me conectó con una escritura mas ligera y al servicio del amor, la música y la poesía.

¿ AMAR TE HACE SABIO ?

Hoy, me sigo preguntando si Amar me hace Sabio, y lo mas Sabio que sabré decir, es que, sigo aprendiendo del amor, y al respecto; lo que hoy, y en este instante de la vida, puedo compartir, es esto:

He aprendido a preguntarme si el Amar me hace Sabio...

- La respuesta es un sí reservado, porque aún me miro con mis vínculos, pacientes, tertulias, y me pregunto:

¿ De qué va la Sabiduría ?

Eso, seguro lo hablaré en años venideros; al lecho de muerte, cuando sea padre, o cuando sea abuelo. Me gustaría tener más de qué escribir con aquello que pueda sembrar al mundo...

¿ Qué aprendemos con profundidad cuando nos enamoramos, cuando amamos, cuando nos entregamos ?

Creo que ,en primera instancia podemos conocernos mucho a través de otro como si fuéramos baúles con recónditos secretos que representan gran parte de nuestra historia, incluso, de aquella que estaba escrita antes de ser un pedazo de carne hecha Cultura.

El Amor, como decía Evans al respecto de Lacan : " El Amor es metáfora y el deseo metonimia " (Evans, Diccionario Introductorio al Psicoanálisis Lacaniano, 2008), en tanto que el Amor como Metáfora es un compuesto, y un conjunto de partes, mientras, el deseo se desliza partiendo que realmente no sabe lo que se desea en realidad (desde lo inconsciente).

Amar; lo pienso como me dijo hace meses mi analista:

" Isaí, yo el Amor, lo pienso desde un Acompañar ".

En ese simple encuentro, ahora, estoy caminando y transitando en lugares donde pienso el Amar como cuidar desde ese justo y preciso Acompañar. Muchas veces, desde nuestro dolor e inconsciencia solemos confundir cargar con cuidar. Considero que ,cuando se carga, vienen derrumbes y grietas que muchas veces sostienen al amor desde la culpa, el conflicto y desde otras formas dolorosas que pretenden "unificar puentes" que requieren más que una mano de obra para resanarse, realmente implican ,un derrumbe de estructuras para re/elaborarse. El amor, hoy comprendo , no me hace sabio per se, sino que mientras voy amando, puedo encontrar y elaborar momentos de conexión y de mayor sabiduría.

Entonces, hoy puedo compartir que:

"El amor puede ser un encuentro con momentos de Sabiduría."

LA TRINIDAD

Esta Unificación de estilos y diversas facetas de mi vida, me llevaron a :

M E T A N O I A y Si ~~Tú~~ No Vuelves.

Metanoia, estaba pensado en ser la segunda parte de mi primera Obra, y Si ~~Tú~~ No Vuelves como la segunda parte de mi segunda Obra. Sin embargo, ante una Pandemia, millones de decesos, cambios en procesos y sinfín de elementos personales y sociales que me han marcado la vida, consideré oportuno mirarme en un proceso de acceder a una mayor madurez como escritor y terapeuta; esto, me llevó a unificar y pensar el libro desde realidades del mundo que nos condicionan, sin perder la base esencial de mi escritura. Este libro, es recoger de la historia de Cristo y pasajes de consultas para comprender lo que sucede a nivel de la Salud Mental y la importancia de la misma.

Este Libro, está dirigido a colegas que van comenzando sus prácticas con pacientes, a los que piensan en hacerse escritores, a personas que están en un camino de derrumbe, a los que están repensando sus concepciones discursivas del Mundo y la Cultura, a los que aman, a los que sufren, a los sanos y los enfermos.

Si ~~Tú~~ No Vuelves, es la experiencia que hace a M E T A N O I A no solo un destino, sino el eterno camino...

"... Que mi historia no traiga dolor

Que mis manos trabajen la paz

Que si muero, me mates de amor

Nada Particular

Canta y Vuela Libre como Canta la Paloma ..."

Nada Particular / Miguel Bosé

"... Porque en un Mundo que va, a la velocidad del rayo, aguanto el vuelo más si me agarro de tu mano, acompáñame hasta donde pueda llegar..."

Miguel Bosé

IX. Este Mundo Va

"El Viejo Mundo se muere, y el Nuevo tarda en
aparecer, y en ese claroscuro surgen los Monstruos."

Antonio Gramsci (1712-1778)

¿ Qué le sucede al Mundo ?

Considero que hoy vivimos el claroscuro; por una parte en el camino de la Muerte y, por el otro, la posibilidad de renacer como Humanidad. Esto, es lo mas cercano a los últimos tiempos. La Humanidad, en todo su paradigma estructural, se encuentra ante la potencial realidad de construir nuevos cielos donde se ponen en predicamento a las viejas estructuras.

Sin embargo, en ese claroscuro, donde los Monstruos internos de la ansiedad, la enfermedad, y, aquellos Monstruos materiales de las guerras, la economía y los dogmas, emiten un mensaje de lucha, resistencia y confrontación para no perecer ante la indiferencia de discursos individualistas del no actuar. Nos vemos en la urgente lucha de procesar/nos para ser conscientes en tomar posición ante el malestar.

Hemos sido partícipes del infierno que nos creamos en este Mundo. Es urgente hacer algo distinto dentro la multiplicidad. Los Monstruos, están en los Saberes, en los Dueños del Mundo, que ante el sujeto del Rendimiento, la eficiencia y la tenencia, conlleva a poner los cuerpos al grado de la máxima autoexplotación, en todo aspecto pensado e impensado de nuestra vida. Los Monstruos, son esa ficción Yoica y la producción encarnada de nuestra rueda mental que nos ataca a nosotros y hace daño al otro. El Ser Humano en los últimos tiempos ya perdió el principio de placer y lo confunde con evasión y exceso.[12]

Hoy, llegamos a un punto de normalización, donde pensar al suicidio, se volvió alternativa, la depresión se volvió estilo de vida, y la ansiedad, una emoción como pan de cada día. Esto, debe ser una señal que estamos al límite, que estamos mas cercanos al delirio y la perversión que de la consciencia.

Nos urge sanar, curar, o como se le quiera llamar.

¿ Sabemos lo que hacemos con lo que hacemos ?

A veces creemos saberlo, la mayor parte del tiempo no...

---

[12] Goce: la transgresión al principio de placer, la ambivalencia del síntoma, sentir dolor con placer (Jacques, 2008)

En memoria de aquellas Almas que han sido silenciadas.

"Hay muchas formas de matar a una persona. Apuñalarlo con una daga, quitarle el pan, no tratar su enfermedad, condenarlo a la miseria, hacerlo trabajar hasta desfallecer, impulsarlo al suicidio, enviarlo a la guerra ... Solo lo primero está prohibido por el Estado."

Bertolt Brech (1898-1956).

"... Esperanza de Liberación..."

"Hope of Deliverance "

Paul McCartney

X. METANOIA

"La lámpara del cuerpo es el Ojo; así que, si tu Ojo es
bueno, todo tu cuerpo estará lleno de luz; pero si tu ojo
es maligno, todo tu cuerpo estará en tinieblas. Así que,
si la luz que hay en ti es tinieblas , ¿ cuántas no serán las
mismas tinieblas ? "

Mateo 6:22-23

METANOIA

μετανοῖεν

Un concepto de etimología Griega, que parte en tres lugares:

- Meta: Más allá (Prefijo)

- Nous: Mente (Prefijo)

- Ia: cualidad (Sufijo)[13]

En Teología, se conoce como Arrepentimiento, y desde la Etimología, o Psicoanálisis Jungiano como la Transformación de la Mente o de la Psique.

Metanoia, en su riqueza de significados, se le acuñan los siguientes:

- Retractarse de una afirmación realizada.

- Arrepentimiento.

---

[13] Metanoia: (www.DeChile.net, 2023) , (Baeza)

- *Transformación.*
- *Tomar una nueva dirección.*

¿ CÓMO HACER M E T A N O I A ?

Metanoia, es una sabiduría que no tiene como tal una metodología. Sin embargo, hacer Metanoia ,es una redirección que confronta al aparato del "Yo", y nos marca una visión tan vasta para no encasillarnos en la "Espiritualidad del Sistema".

 La vida, ya es una experiencia metafísica en sí misma. En nuestra realidad, ya tenemos el mismo cielo y el mismo infierno sin requerir de tanta teorización.

¿ Quién hizo a los Ángeles ?

¿ Quién creó a los Demonios ?

En ese orden, no sé si el culpable es un Dios o Supremo creador, o más bien, lo que hemos hecho de nosotros despúes del creador.

Sabemos que hay gente revolucionaria que es crucificada, asesinada, rechazada o ridiculizada ,así, como gente malvada que declara guerras en el nombre de discursos de odio y lastimosamente se le aplaude.

En la Cultura, se ha usado la "Metanoia" como un sinónimo de culpa y como una noción errada del Arrepentimiento. En nuestra forma "culpígena", solemos arrepentirnos de nuestros errores desde la "dramatización del dolor" y una crucifixión repetida, se entra en un gozo de *sufrir para lograr una "salvación o liberación de algo" que nunca llega. En la confusión del Ser Humano, se ha perdido discernimiento entre Placer y Exceso, entre transformar y el compensar , y al "yo" con la consciencia.*

Estos ejemplos, de arrepentimiento por culpa, los observamos en muchos casos donde el destino siempre será el regreso del síntoma:

- *Quien jura para no consumir alcohol, y tarde o tremprano recae.*

- *Quien en el vínculo jura que todo será diferente y cambiará, sin comprender a profundidad la dinámica a trabajar.*

- *Quien se pone cada año propósitos que no logrará cumplir.*

Metanoia, es una sabiduría antigua, que se le puede colocar en el paradigma del Samsara y Despertar de Consciencia desde el Budismo, como la Crucifixión y Resurrección en Cristo, y como el Camino del No Hacer o la No violencia en Ghandi.

De acuerdo a la Historia de cada uno de los personajes, y en momentos claves de su andar, hicieron o eligieron un camino. Hubo una rectificación o transformación donde surge un modelo o ejemplo de M E T A N O I A :

- Cristo: *Pudo caer tentado por Lucifer y elegir ser un Rey. Eligió la Cruz, y mostró el mensaje del camino de la resurección. Su salvación, es nuestro proceso.*

- *Buda: Pudo elegir su "Caverna de Platón"[14] al no desapegarse de su riqueza e Ilusión de "Mundo" que tenía en la opulencia. Buda, para ser un Buda renunció mas que a sus placeres a sus excesos, a su goce de síntoma, eligió la iluminación.*

- *Ghandi: Hizo de su carrera como Abogado , una forma de litigar contra la esclavitud a tráves de la No violencia frente a un Imperio y motrando la libertad a tráves de la caída de un Sistema.*

Cada uno de ellos, tiró Sistemas; Cristo al Político – Religioso, Buda, al Familiar, y Ghandi a un Imperio o Colonia.

METANOIA

Esencialmente; es dejar de repetir los mismos errores.

Es hacer Consciente lo Inconsciente.

Es Reescribir el Guion de la Obra.

Es Preguntarse; ¿ qué se pierde cuando se pierde ?

Es adquirir cierta libertad al conocer una verdad.

Es un salto al vacío.

Es una muerte.

Es reaprender a recordar.

---

[14] Alegoría de la Caverna de Platón (Platón, 1992)

Es comprender qué era aquello que estaba repitiendo.

Es, renovar la Fe,

Es un bien mayor.

Es como para Cristo una resurrección.

Como para Buda una Iluminación.

Y para Ghandi una Liberación.

M E T A N O I A; es la Vida, y es la Muerte

La vida es una apuesta en sí misma y un inmenso mar de incertidumbres donde hay conjunciones y azares que entran en un romance con aquello que está en el orden de nuestra humana posibilidad.

La Vida, también puede ser una serie de desventuras con pasajes maravillosos que la hacen nuestra gran aventura.

Eso, me recuerda mucho el proceso terapéutico, como un lugar de construcción, de asimilación, de subida y de bajada.

Los frutos que se siembran en ese viaje, y que ,sus resultados no se orientan a tiempos exactos, ya son un acto de amor muy poderoso para con un uno y con el otro. Somos un encuentro esencial para reconciliar lo humano de nuestra falta y el orden divino de un todo con la vida.

Gracias por Acompañarme.

DIOS

Enséñame a ser más humilde y mejor escucha,

A juzgar menos y amar mejor,

*Muéstrame la sabiduría para no hacer las cosas a mi forma , sino de
acuerdo a tu plan divino,*

Enséñame a corregir y reparar ,a cuidar y valorar,

Alivia mis rencores y mis malos humores,

*Toca mi pecho con dulzura y dame lucidez para agradecer el dolor y la
calma,*

*Dame sabiduría para amar con lealtad a los que me aman e incluso a
aquellos que no,*

*Que tu palabra y tu nombre me den dirección para ser mejor hombre , que
mi corazón se labre en cada oración que santifique tu nombre.*

Amén.

POEMAS

Para volver a la Vida, para Mirar nuestra herida, para Morir y Vivir cada Día.

SI ~~TÚ~~ NO VUELVES

Si ~~Tú~~ No Vuelves (A mi Padre)

Tú eres Génesis

Y " Si ~~Tú~~ No Vuelves "...

Eres recuerdo,

De aquella tarde de Noviembre,

De aquella tarde que no te ví,

Soy el Recuerdo que te escribe

El Recuerdo de mis 5 años,

El Niño que no se pudo despedir,

Hoy también soy recuerdo,

Del Hombre que me convertí,

Y que tu Amor vengo a Reescribir,

Eres noche de canto y oración,

Eres reconexión con Dios,

Yo soy Tú,

Tú eres Tú,

Y yo soy Yo,

Te honro, y te tomo con todo mi amor.

Duelo (Iré a Buscarte)

Iré a buscarte a todos los lugares,

Para ya no encontarrte,

Te visitaré,

En aquellos lugares que no pudimos,

Te visitaré ausente en los lugares que compartimos,

Y te recordaré ausente en lo que alguna vez fuimos,

Iré a buscarte para ya no encontrarte,

Iré a buscarte, para dejar de buscarte,

Iré a buscarte para comenzar a sanarme,

Iré a buscarte,

Para que en tu ausencia, vuelva a encontrarme.

Niño Interior

Somos dos,

El adulto y el Infante,

Que no sabía cómo abrazarse,

Que no tenía idea del cómo escucharse,

Somos dos en este viaje,

Reencontrándonos a cada nuevo Instante,

Soy la Inocencia de un Niño sanando en un viaje,

Y un adulto volviendo a la sabiduría de las preguntas de un infante.

Cruz y Ficción (Culpa y liberación)

No me crucifiques más,

Ya no me verás ahí,

No pidas castigos para el otro, porque te castigas a ti,

Pregúntame desde el amor,

¿ Qué es aquello que en la oscuridad aprendí ?

Yo te daré un cielo, que he creado para ti,

Caminaré contigo,

Y mostraré esa Luz divina que habita en ti,

Ya no Soy yo , y Tú , no eres Tú,

Mírame desde el verdadero amor, como yo te miro con mi corazón

Seamos uno,

Seamos la Luz del Sol.

Ahí estás Tú (Verdad Interior)

Ahí estás tú,

Presente en el aire,

En las Alas de un Ángel,

Ahí estás tú,

Hablando desde la nada y haciéndola un todo,

Ahí estás tú,

Acariciando memorias,

Susurrando mensajes,

Ahí estás tú,

Quien late siempre presente,

Ahí estás tú,

En cada suspiro, a cualquier lugar que miro,

Ahí estás tú ...

La Última Vez

Nunca supimos cúando fue la última vez,

Ni el último beso,

Ni el último abrazo,

Hay algunos que lo sepan tal vez,

Pero siempre hay una última vez,

El anhelo,

Una eterna última vez,

Para hacer el amor,

Para sanar al rencor,

Para enmendar el error,

Queremos siempre una última vez,

Porque perdimos la inmortalidad de nuestra primera vez,

La Última vez,

Esta Vida,

Siempre es, nuestra última vez.

Muerte & Amor

Le pedí a la vida y a Dios por tu encuentro,

Cada día, que dolías en lo profundo de mi pecho,

Pedía volver a verte de nuevo,

Cada día, que estábamos lejos,

Llené con rituales al Universo,

Para mirarte en sueños,

Para econtrarnos de nuevo,

Pedí amparo a los Dioses del Tiempo,

Supliqué al recuerdo escucharte decir te quiero,

Hoy, le he pedido al viento,

Un poco de aliento, y tener Fe en los nuevos tiempos.

Fluir

Soy como la Tierra,

Paciente y Firme,

Mutable e Impredecible,

Fiel a las estaciones del Tiempo,

Soy cálida primavera,

Y Meditación de Invierno

Soy el vuelo de las hojas de Otoño,

Y la pasión de las noches de Verano

Empiezo a Fluir,

Mientras me asiento como la Tierra,

Y me renuevo y florezco como Primavera,

Empiezo a Fluir,

Empiezo a sentir.

Revelaciones

Me siento para hablarte a ti,

Que me respondes con susurros del aire,

Con Revelaciones que me "enchinan" la carne,

Revelaciones que me hacen sentir,

Cosas que no sabía de mi,

Sueños y mensajes sobre algunas pistas que perdí,

Revelaciones,

El camino a construir,

Revelaciones,

Siempre frente a ti.

Las Flores (Renacer)

Hago Flores,

Que jamás se marchitan,,

Se siembran de mi mano cuando escribo poesía,

Y Florecen cuando tu corazón palpita,

Sus Pétalos son caricia al leer sus rimas,

Siembro Flores,

Semillas hechas de poesía

Para un corazíon que jamás se marchita.

1   BIBLIOGRAFÍA

lacan, j. (2008). Pulsión de muerte. En d. evans, *diccionario introductorio de psicoanálisis lacaniano* (pág. 160). buenos aires: paídos.

Cerati, G. (1999). Perdonar es divino [Grabado por G. Cerati]. Buenos Aires, Bs As, Argentina.

Lucas, G. (Dirección). (2005). *La Venganza de los Sith (Episodio III)* [Película].

Diario el País , José Andrés Rojo. (30 de diciembre de 2022). *https://elpais.com/.* Obtenido de El País: https://elpais.com/diario/2007/10/25/ultima/1193263201_850215.html

Evans, D. (2008). *Diccionario Introductorio al Psicoanálisis Lacaniano.* Buenos Aires: Paídos.

Evans, D. (2008). Yo (Moi). En D. Evans, *Diccionario Introductorio de Psicoanálisis Lacaniano* (pág. 198). buenos aires: paidos.

Foucault, M. (2002). *Vigilar y Castigar.* Buenos Aires : Siglo XXI.

Gringberg, J. (2008). *Fluir sin el Yo.* México: Zeta Bolsillo.

Heidegger, M. (30 de diciembre de 2022). *https://webs.ucm.es/.* Obtenido de Desde la Experiencia del Pensamiento: https://webs.ucm.es/info/especulo/numero18/heidegg.html

Intellectual Reserve. (11 de 12 de 2022). *Church of Jesus Christ.* Obtenido de La Iglesia de Cristo de los Últimos Días: https://www.churchofjesuschrist.org/study/scriptures/nt/matt/27?lang=spa&id=43#note40a

Jacques, L. (2008). Goce (jouissance). En D. Evans, *Diccionario Introductorio al Psicoanálisis Lacaniano* (pág. 103). Buenos Aires: Paídos.

Krotz, E. (21 de Diciembre de 2022). *Alteridades.* Obtenido de redalyc.org: https://www.redalyc.org/pdf/747/74711353001.pdf

Marcelo Augusto Pérez. (25 de diciembre de 2022). *Instagram.com.* Obtenido de @psicocorreoargentina: https://www.instagram.com/p/CXRCMtwlw0X/?igshid=YmMyMTA2M2Y%3D

Maribel Pascual. (2022). Demian de Herman Hesse: Romper el Cascarón. *Las Furias Magazine*, 1.

Marx, k. (11 de noviembre de 2022). El Capital. México: Siglo XXI.

Miguel Bosé, L. F. (1993). Si tú no vuelves [Grabado por M. Bosé]. España.

Miyazaki, H. (Dirección). (2003). *El Viaje de Chihiro* [Película].

Nasio, J. D. (2015). *¿ por qué repetimos los mismos errores ?* ciudad de méxico: paidos.

Parménides. (21 de diciembre de 2022). *Parménides y Zenon.* Obtenido de Teseopress.com: https://www.teseopress.com/parmenides/chapter/3-parmenides-3/

Quién, D. (2021). Lo Supe De Ti [Grabado por D. Quién]. México.

Ramón, F. H. (24 de diciembre de 2022). *Revista de Filosofía Ibero.* Obtenido de Revista de Filosofía Ibero : file:///Users/isaishanti/Downloads/35-Texto%20del%20art%C3%ADculo-80-1-10-20200519%20(1).pdf

Reina Valera. (11 de Diciembre de 2022). *Bible Gateway.com*.
Obtenido de Bible Gateway:
https://www.biblegateway.com/passage/?search=Lucas%202
3%3A34&version=RVR1960

Rimponché, S. (2006). Los Bardos. En S. Rimponché, *El Libro Tibetano de la Vida y la Muerte* (pág. 148). Barcelona: Ediciones Urano.

Siddharta (2022). 80 días [Grabado por Siddharta]. México.

ESTE LIBRO TERMINÓ DE ESCRIBIRSE EN

DICIEMBRE DE 2022

CIUDAD DE MÉXICO

ISAI SHANTI

Contacto

isaishantiorg@gmail.com